COLLECTION MICHEL LÉVY

RESSEMBLANCE

GARANTIE

LÉVY, ÉDITEUR

VRAGES
DE
RRE VÉRON
Format grand in-18

RESSEMBLANCE GARANTIE

PAR

PIERRE VÉRON

PARIS
CALMANN LÉVY, ÉDITEUR
ANCIENNE MAISON MICHEL LÉVY FRÈRES
RUE AUBER, 3, ET BOULEVARD DES ITALIENS, 15
A LA LIBRAIRIE NOUVELLE

1878

Droits de reproduction et de traduction réservés

RESSEMBLANCE
GARANTIE

I

La question de la liberté des femmes est revenue à l'ordre du jour.

Bien entendu, il faut s'entendre : il y a liberté et liberté, comme il y a fagot et fagot. La liberté, au point de vue des mœurs, se passe généralement d'autorisation. Tous ceux qui se promènent le long des siéges de fer des Champs-Élysées entre dix heures et minuit ne peuvent que trop aisément s'en assurer; aussi n'est-ce point de cela qu'il s'agit, mais bien de l'indépendance sociale.

Il nous semble que la femme perdrait beaucoup à voir consacrer légalement une foule de droits qu'elle exerce sans en avoir l'air.

L'homme, fût-il aussi camus que Socrate, a toujours un nez suffisamment long pour qu'on le mène par cette extrémité. C'est là un des priviléges du beau sexe, qui excelle dans ce genre de conduite. Pourquoi changerait-il de rôle ?

Dans je ne sais plus quelle pièce du Palais-Royal, madame Thierret venait dire au parterre en le regardant en face :

— Adolphe m'attend chez ma tante Ursule ; vous allez voir : je vais me faire envoyer de force chez elle par mon mari.

Là-dessus le parterre d'éclater de rire et d'applaudir en signe d'approbation ; le parterre, par conséquent, reconnaissait que la théorie de madame Thierret était l'expression même de la vérité.

Mais les hommes qui composaient ce même parterre s'insurgeraient à coup sûr si on formulait dans un code la suprématie qu'ils subissent individuellement à domicile. Ils veulent bien laisser porter la culotte à madame, seulement (pourquoi les contrarier?) ils revendiquent le droit exclusif de payer le tailleur.

Sous Louis-Philippe, un axiome de la Charte assurait que le roi régnait sans gouverner. La femme, elle, gouverne sans régner. Où est la femme? demandait un chef de police toutes les fois qu'il s'agissait de se lancer sur la piste.

C'est qu'en effet l'action qu'elle exerce est incessante et universelle. A-t-elle besoin de souligner cette action au risque de la rendre intolérable?

Invisible mais présente, elle tient dans sa main mignonne tous les fils qui font agir les pantins terrestres; il me semble que cette toute-puissance occulte doit lui suffire.

Qui veut trop prouver ne prouve rien, qui veut trop conquérir risque de tout perdre. Ah ! combien, si j'étais femme, je me réjouirais de garder tranquillement, à l'abri des responsabilités, cette influence subie en tous lieux ! Comme je me garderais bien de lâcher la proie pour l'ombre, et de faire proclamer tout haut ma souveraineté qui s'affirme si éloquemment tout bas !

Dans l'état actuel des choses, la femme nous paraît avoir tous les bénéfices de l'autocratie sans en avoir les inconvénients. Rêver l'égalité quand on possède la supériorité, quel paradoxe !

On a, par exemple, réclamé bien haut, il y a quelque temps, le droit pour la femme d'entrer à l'Académie française.

Est-il possible, juste ciel !

Comment, vous pouvez, grâce à vos jupons, avoir le talent hors ligne d'une George Sand, sans être exposées à l'Institut cellulaire, et vous

vous plaignez ! Vous vous plaignez d'être mises à l'abri du tête-à-tête avec la calotte noire de celui-ci, avec les intrigues de celui-là, avec les *oremus* de ce troisième, avec les rouéries politiques de ce quatrième ! Vous vous plaignez de n'avoir point à subir les fables de M. Viennet, les lectures de M. Beulé, les rapports perpétuels des secrétaires perpétuels sur les vertus perpétuelles ! Vous vous plaignez !...

Certes, il est des prohibitions ridicules qui pèsent sur la femme, et l'on voit par-ci par-là que les lois ont été fabriquées par les hommes. Quand, par exemple, une George Sand, pour garder le même exemple que tout à l'heure, n'a pas le droit de...

. . . .

Mais je ne veux pas me plonger dans la mare politique et je me bornerai à reprendre mes conclusions du commencement.

La femme a pour mission évidente de faire jouer continuellement à l'homme la comédie du *vaincu sans le savoir*. Le Scénario est assez amusant pour qu'elle ne se lasse pas d'y tenir le premier rôle.

⁂

Et, prenant un journal, j'y lus les lignes suivantes :

« On sait que l'Académie française a décidé de
» faire immédiatement un dictionnaire qui por-
» tera son nom, avec l'épithète d'*usuel*. Il doit
» être fini dans le délai de quatre ans, et ce sont
» les presses de la maison Firmin Didot qui l'im-
» primeront. On corrige en ce moment les
» épreuves de toute la lettre A. La lettre B. est
» à la composition. On y trouve tous les nou-
» veaux mots inventés par les savants pour les
» besoins de leurs découvertes. »

On a si souvent ressassé les plaisanteries, à l'adresse de l'Académie et de son dictionnaire, que je demande la permission, puisque l'occasion m'en est fournie par le paragraphe qui précède, de plaider les circonstances plus qu'atténuantes en faveur des immortels, dont je demande l'acquittement formel.

Un proverbe déclare qu'à l'impossible nul n'est tenu. Les quarante ne peuvent donc être mis en demeure d'achever leur dictionnaire, car cet achèvement est simplement une impossibilité !

Quod est demonstrandum.

———

Si vous étiez architecte et que vous eussiez affaire à un propriétaire fantasque, que penseriez-vous si ce propriétaire vous tenait le langage que voici :

— Vous allez me bâtir immédiatement une maison. Je dois seulement vous prévenir que je modifierai tous les huit jours le plan que j'adopte aujourd'hui. En conséquence, tous les huit jours vous me ferez le plaisir de jeter à bas l'étage déjà construit pour recommencer sur de nouveaux plans et sur de nouvelles données.

Si vous étiez architecte, et qu'on vous parlât ainsi, vous penseriez fort probablement qu'il est absolument inutile de vous mettre à la besogne pour être forcé de jouer ensuite à perpétuité le rôle de la pseudo-veuve Pénélope, et qu'il est plus simple de ne pas bâtir d'étages du tout pour s'épargner la peine de les démolir.

C'est, j'en suis persuadé, le raisonnement que s'est fait l'Académie, architecte en chef de l'édifice de la langue française. Le propriétaire fantasque et fécond en contradictions, le propriétaire qui défait le lendemain l'œuvre de la veille, et s'inflige à lui-même des démentis ininterrompus, c'est nous, c'est le public, c'est monsieur et madame Tout-le-Monde.

———

Jetez un coup d'œil sur les gravats d'alentour. Jamais M. Haussmann, en mal d'expropriation, jamais M. Haussmann, dans ses plus violents accès de fièvre démolitive et reconstructive, n'accumula plus de plâtres vieux et de plâtres neufs. Ici, ce sont des mots qui à la douzaine ont été mis au rebut par l'habitude, ce président capricieux du conseil de révision du style. Là, au contraire, s'empilent les néologismes apportés par l'argot, cet infatigable entrepreneur de maçonnerie de notre tour de Babel.

Comment voulez-vous, je vous le demande, que ces pauvres vieux à palmes vertes, dont les rhumatismes ont peine à arpenter au soleil la cour de l'Institut, puissent suivre dans sa course effrénée l'actualité qui lie et délie, renverse et improvise, change et rechange.

Oui, on pouvait songer à faire un dictionnaire définitif et consacré de la langue française dans ces siècles solennels et lents où tout marchait d'un pas compassé sur le rhythme du menuet. Alors c'est à peine si, tous les dix ans, un audacieux risquait une expression nouvelle qui mettait dix années à être répétée par un autre audacieux, et qui, au bout de cent ans seulement, commençait à avoir une toute petite notoriété.

C'était le temps des transitions habilement ménagées. La patache et la chaise à porteurs représentaient l'idéal de la locomotion et donnaient en quelque sorte le diapason de la marche en avant de l'humanité.

Aujourd'hui, juste ciel! comme nous avons bouleversé tout cela!

Aujourd'hui, tout se bâcle à la vapeur : les fortunes, les gouvernements et les néologismes ; aujourd'hui, la langue française appartient à la section des agités, comme tout le monde. Elle est atteinte de névrose. Et en avant les tics, les contorsions, les soubresauts !

L'argot, que j'ai nommé déjà, l'emporte sur son vélocipède à travers les cachots et les ornières. Marche ! marche ! A peine un terme nouveau est-il né qu'il est déjà caduc et fait place à un autre. L'excentricité d'hier portera perruque demain.

Prenez pour exemple le mot *mourir*.

Celui qui imagina de dire un jour : « Un tel a passé l'arme à gauche, » celui-là crut certainement être un audacieux de première classe et peu s'en fallut qu'il ne tremblât en présence de sa propre témérité. Maintenant, *passer l'arme à gauche* est une rengaine ultra-classique, une banalité qui fait lever les épaules.

Depuis lors, on a exécuté cent mille variations sur ce seul thème. Depuis lors, on a « éteint
» son gaz, remercié son boulanger, dévissé son
» billard, cassé sa pipe, lâché la rampe, mis les
» volets à la boutique, soufflé son pétrole, levé
» la séance, remisé son vélocipède... »

———

Vous représentez-vous M. Villemain ou M. Saint-Marc Girardin, chargé de rédiger pour le dictionnaire de l'Académie le mot *mourir* et balloté ainsi du Scylla de l'inouïsme au Charybde l'insensé !

Et notez bien que plus nous allons, plus l'argot gagne de terrain.

Si vous en doutez, reportez-vous en arrière de quatre ans seulement. Nous sommes à la première représentation de la *Famille Benoiton*.

Arrivent les demoiselles du Benoiton père. Elles commencent à égrener leur petit chapelet d'incongruités. Des murmures éclatent dans la salle et, pendant quinze jours, ce furent tous les soirs des protestations nouvelles contre ce qui semblait une monstrueuse invraisemblance.

A présent, quand on reprend la *Famille Benoiton*, les énormités de jadis font penser aux auditeurs :

— Eh mais ! elles ne disent rien d'extraordinaire, ces jeunes filles : elles parlent comme tout le monde.

Où Sardou avait prétendu donner une leçon, il a fait école. Ses audaces sont devenues rococo. La langue française en est arrivée à la même situation que le buveur d'absinthe endurci. L'alcool pur finit à la longue par paraître du petit lait à son palais blasé.

Que si vous envisagez la question sous un autre point de vue, vous découvrez de nouvelles difficultés insurmontables qui barrent la route à ce pauvre dictionnaire de l'Académie.

Ce ne sont pas en effet les mots seulement qui changent, c'est leur signification. Les événements contemporains en faussent si bien le sens que toutes les définitions sont pour ainsi dire à recommencer perpétuellement.

Je suppose que l'Académie persiste à mener à bonne fin ce dictionnaire usuel que j'ai annoncé en débutant, voyez combien d'étranges paragraphes elle devra semer tout le long, le long de cet ouvrage pratique.

Voici le mot *liberté*. Quelle définition faudra-t-il annexer si l'on veut être conséquent avec les faits? Celle-ci :

Liberté. — Droit imprescriptible que tous les citoyens peuvent exercer moyennant un nombre illimité de mois de prison et un chiffre non moins illimité d'amendes.

Vous conviendrez que ce n'est pas tout à fait ainsi que ce même substantif eût été défini en 1789 ou en 1830.

Prenons un autre exemple : Le mot *Mausolée*.

Le dictionnaire usuel de 1869 sera obligé d'écrire à ce chapitre :

Mausolée. — Hommage rendu aux morts par les vivants qui les regrettent. Lorsque ces morts ne sont point amis du gouvernement, ledit hommage devient un acte séditieux contre lequel on met sur pied tous les parquets de l'empire et 30,000 hommes de troupe.

Ces deux specimens ne donnent qu'un faible aperçu des modifications radicales que le temps a apportées et apporte dans la façon d'expliquer et d'interpréter la langue française. Dans tous les ordres d'idées, ces modifications sont aussi profondes.

Jugez-en plutôt par ces autres échantillons :

Suffrage universel. — Adolescent qu'on force à marcher avec des béquilles parce qu'on le trouve trop robuste.

Conservateur. — Nom ironique donné par antiphrase à la personne qui signe les *exeat* des tableaux d'un musée.

Surintendant. — Entrepreneur de déménagements artistiques.

Espérances. — Comptoir d'escompte à l'usage des demoiselles à marier, qui veulent négocier leurs parents.

Paix. — Concours d'armurerie.

Merveille. — Il y en avait sept autrefois ; on en a inventé une huitième à Mentana.

Humilité chrétienne. — Dix millions de liste civile gardés par quarante mille baïonnettes faisant faction autour du Vatican.

Mansuétude. — Voir *épilepsie* ou *presse religieuse*. . . . .
. . . .

—

Inutile de continuer. Vous avez touché du doigt les obstacles. Si le dictionnaire usuel ne dit pas tout cela, il trompera son monde ; s'il le dit, sa franchise pourrait bien nous valoir le spectacle curieux de l'immortalité traduite en police correctionnelle. On comprend qu'entre les deux le cœur de l'Académie balance et s'abstienne.

Non, messieurs, sur mon âme et conscience, l'accusée n'est pas coupable.

*
* *

On demande des librettistes ! Tel est le cri d'alarme que poussent aux échos tous les compositeurs éplorés. Il n'en reste plus guère que deux aujourd'hui sur la brèche, Jules Barbier et Michel Carré. Mais que demain Barbier se repose ou qu'après-demain Carré ait une extinction de plume, que deviendrons-nous ?

La faute en est un peu à la critique qui a découragé les imitateurs par ses sévérités impitoyables. On s'est mis à abreuver d'amertumes et de quolibets les infortunés qui se dévouaient à la tâche peu facile de *parodier*. On a fait des gorges chaudes, on a crié sur tous les tons :

— Regardez un peu ces rimes ! cela peut-il soutenir la comparaison avec Victor Hugo ? Écrire de tels vers après Lamartine !

C'était se montrer par trop exigeant. Le librettiste n'a pas tant de prétention.

Vous avez vu dans les magasins de nouveautés ces demoiselles qui servent de mannequins vivants. Dès qu'une pratique veut juger l'effet d'une confection, on les appelle, on leur fait endosser l'objet, et ne bougeons plus!

Tel est, à peu près, le rôle du livret.

Le musicien s'en sert pour essayer toutes ses idées mélodiques. Tournez-vous par ci, tournez-vous par là; restez immobile... Raccourcissez ces vers, rallongez ceux-là!

De bonne foi, c'est être trop cruel que de demander du génie par-dessus tant de patience!

Qu'en est-il résulté? La pénurie actuelle. On aime autant bâcler un vaudeville qui passera inoffensif que de s'offrir en bouc émissaire aux plaisanteries certaines des feuilletonistes. Il serait temps cependant d'aviser. On peut railler les librettistes; on ne peut se passer d'eux.

Vous savez que Gounod a longtemps cherché un poëme d'opéra sans pouvoir en trouver un.

De guerre lasse, il a dit à ses fournisseurs ordinaires :

— Arrangez-moi quelque chose de Shakspeare.

Arranger pour *déranger*.

Et c'est toujours ainsi que cela finit. On pique au hasard de la fourchette dans les œuvres d'un des grands écrivains du passé, et l'on en ramène un débris quelconque. Mais les débris eux-mêmes s'épuiseront, et il viendra un temps, temps qui est proche, où il ne restera même plus un os qui n'ait été rongé cinq ou six fois. Avise qui pourra.

Je me borne à signaler le péril.

*
* *

A diverses reprises nous avons insisté sur ce qu'il y a d'odieux dans ces spectacles de sauvagerie, dont la vie humaine fait tous les frais. Nous y revenons avec une insistance nouvelle. N'y a-t-il donc pas à imaginer assez d'exercices de grâce et d'adresse sans qu'il soit besoin de pêcher le spectateur en mettant du sang au bout de la ligne?

Notez bien qu'il s'agit ici d'intérêt public et non d'intérêt privé. Qu'un monsieur qui estime sa vie quinze ou vingt francs ait envie de se rompre le cou, en tombant d'une corde haute de cent pieds, ou veuille se servir lui-même comme entremets non sucré à des bêtes féroces, ce serait, à la rigueur, son affaire, la loi n'édictant pas de peine contre le suicide. Mais si le monsieur veut prendre pour confidents et pour spectateurs de sa fin deux ou trois mille individus qui ont le triste courage de payer pour cela, ici l'intervention directe de la police est légitime et nécessaire.

Elle est légitime et nécessaire parce que c'est laisser porter atteinte à la morale humaine que de tolérer ce vampirisme de la curiosité.

N'est-il pas révoltant qu'une affiche vienne dire, au coin de chaque muraille, aux passants :

— Passants, mes amis :

Il y a de fortes chances pour que demain à telle heure, dans tel endroit, la dent d'un lion fasse d'un de vos concitoyens un cadavre. Vous vous devez à une si précieuse solennité. Dépêchez-vous donc de rentrer chez vous afin de prévenir votre femme et vos enfants ; c'est là une récréation qui ne peut manquer de développer en eux les instincts les plus généreux et la sensibilité la plus exquise. A demain, passants, mes amis, on mangera de l'homme.

Eh bien, non ! de telles exhibitions sont indignes d'une nation civilisée.

Remarquez bien qu'il y a des précédents pour justifier les prohibitions de l'autorité : n'intervient-elle pas pour empêcher qu'on nous montre des tableaux vivants trop peu vêtus ?

Est-ce que par hasard on oserait soutenir qu'il est moins abominable de montrer à une nation un homme mis en morceaux que des dames en maillots trop collants ?

L'accident du dompteur Lucas doit être le dernier d'une liste déjà trop longue. Toute tolérance deviendrait une complicité.

．．．

Entre les mille et un Paris dont l'ensemble hétérogène compose la ville immense, contenue dans l'enceinte des fortifications, il n'est guère de physionomie plus pittoresque que celle du *Paris en plein vent*.

Monde bizarre et mélangé qui a gardé ses mœurs, ses types et son langage particuliers !

C'est le cocher et le marchand ambulant ; c'est le kiosque aux journaux où se débite la nourriture de l'esprit, et la criée où se négocie la nourriture du corps ; c'est le bohème, le saltimbanque, l'homme qui montre la lune, le patineur de la place de la Concorde ; ce sont les excentriques et les déclassés, les nomades et les insoucieux ; c'est l'imprévu et la fantaisie, en un mot.

Aussi dans ces croquis au jour le jour, m'arrivera-t-il plus d'une fois de crayonner quelqu'un des profils qu'on rencontre au hasard du macadam.

Mais l'un des plus curieux est, sans contredit, celui de l'industriel avec lequel j'ai lié conversation l'été dernier.

Il marchait devant moi, par le soleil torride de midi, la hotte au dos, le bâton à la main.

Il marchait, malgré ses soixante ans, d'un pas résolu, courbé sous le faix, et répétant par intervalle, d'une voix que les intempéries de l'air avaient enrouée, son cri de ralliement :

— *Avez-vous des bouteilles à vendre ?...*

Et le soleil continuait à brûler le brave homme de ses rayons ; et le bitume continuait à se fondre sous ses pas ; et la hotte continuait à peser péniblement sur ses vieilles épaules.

A la fin pourtant, il n'y résista plus, et se retournant pour voir s'il ne pourrait pas trouver quelqu'un de bonne volonté pour lui donner un coup de main :

— Pardon, monsieur, me dit-il, si c'était un effet de votre complaisance de m'aider à...

La chose était déjà faite qu'il n'avait pas achevé.

— Merci, monsieur, poursuivit-il alors en essuyant son front ruisselant de sueur. Ah !

dame, c'est que le temps est un peu doux aujourd'hui.

— Et le métier un peu rude.

— Peuh! le tout est de s'y habituer. Voilà trente-cinq ans, monsieur, que je suis dans la vieille bouteille...

— Joli bail!

— En effet, — et je vous assure qu'on s'instruit à la longue...

— En vérité...

— Que oui, monsieur, fit le bonhomme, évidemment charmé d'avoir trouvé un auditoire. Dame! vous concevez, dans la partie, on a ça de particulier qu'on regarde le revers de toutes les médailles parisiennes.

— Comment donc?

— Comment? Il serait trop long de vous le détailler, et je ne voudrais pas abuser de votre patience. Mais si vous saviez ce que je sais et si vous aviez vu ce que j'ai vu... je ne vous parle pas de la politique, une affaire à part, quoique j'aie acheté bien des vieilles bouteilles vidées dans des banquets en l'honneur des célébrités dont il ne serait tant seulement pas possible de se rappeler le nom au jour d'aujourd'hui.

— Suffit. J'entrevois...

— Vous entrevoyez ? à la bonne heure... Tenez, monsieur, observez-moi ce lot de bouteilles à champagne. J'ai acheté cela ce matin dans une vente pour cause de départ... Il y a eu là dedans des rires à bouche-que-veux-tu, de la gaîté, des adulations de tous les convives... C'était chez un faux riche, qui s'est laissé ruiner par les parasites. Enterrés les dîners ! enterrés les amis !... De tous les dévouements qui lui avaient été jurés, que reste-t-il ? Six francs cinquante de verrerie, bonne mesure !

— Et ces bouteilles à bordeaux ? interrogeai-je en désignant une rangée placée sous la première.

— Le bordeaux, ça indique presque toujours des gens calmes. Celles-là viennent de chez de bons bourgeois qui ont marié leur fille... Il y en a quelques-unes de cassées... Le verre, c'est fragile, sans comparaison, comme la félicité en ménage.

— Savez-vous que vous êtes observateur, mon gaillard ?

— Pas autre chose à faire du matin au soir. Beaucoup de bouteilles de vins-liqueurs, maison sans ordre et généralement d'un monde assez... Enfin suffit, c'est dans le quartier Bréda que je m'en approvisionne le plus.

— Voilà qui est curieux. La carte œnophile de Paris !

— Oui-dà, de vrai, monsieur. Bouteilles des grands crus bourguignons, faubourg Saint-Germain. Litres, voisinage des barrières... Quant aux liqueurs, ne m'en parlez pas... Quand je me sens sur le dos des bouteilles où il y a eu de l'absinthe, il me tarde de m'en défaire, et il me semble tout le temps que je suis un peu complice des empoisonnements qu'elles ont commis !

— Tant de choses dans une hotte!

— Et bien d'autres avec, si j'avais le temps... Par exemple, le chapitre des révélations! quand j'achète de vieux lots dans certains restaurants... Il faut voir au fond des flacons qu'on a servis pour des vins d'extra... C'est ce qui, sans calembour, dépose contre les coupables de frelatage.

— Allons, décidément, c'est la vie sous toutes ses faces.

— Oui, monsieur, y compris la mort... Voyez plutôt ces fioles... le reste des potions qui attestent l'impuissance de la science à sauver un pauvre malade... Quand je fais marché pour un lot de ce genre-là, je sais tout de suite, à l'aspect de l'appartement de ceux qui y sont, s'il y a eu héritage ou non... Mais je bavarde; je bavarde, — et ma journée n'est pas finie... Encore un petit coup de main, s'il vous plaît,.. Merci, monsieur... Rappelez-vous ce que je vous ai dit de la vieille bouteille, — et si jamais vous en achetez d'occasion, prenez bien garde qu'il n'y ait pas eu d'huile dedans... C'est comme une mauvaise nature... il n'y a pas de remède... Serviteur !

Et le bonhomme, pendant que je restais pensif, s'éloigna allègrement en répétant son cri aigu :

— *Avez-vous des bouteilles à vendre ?*

*
* *

Un mot de Gavroche.

Ce digne batteur de pavé était, avec un collègue, en extase devant cinq ou six superbes rivières en diamants étalées rue de la Paix.

Et se retournant vers le collègue qui l'escortait :

— Hein... Eugène !... En v'là une école de natation pour dames !

.˙.

Ce qui suit est un dialogue pris sur les marches de la Bourse.

Personnages : un coulissier et un journaliste.

Sujet de la conversion : la dynastie des gogos, cette souche inépuisable.

— Ce que je ne comprends pas, disait le coulissier, c'est que ce soient toujours les affaires les plus véreuses, les caisses les plus tarées, que les actionnaires choisissent pour y apporter leur argent.

— Parbleu ! fit le journaliste, on verse toujours dans les ornières.

Avez-vous fait une remarque? C'est que depuis quelque temps les marchands de nouveautés cherchent à se procurer au moins un commis qui ait le droit de porter le ruban rouge à la boutonnière.

Cela donne un prestige à la maison.

Hier, un brave garçon, qui a gagné la croix je ne sais pas où, mais qui n'en est pas plus riche pour cela, rencontre un ami :

— Tiens! c'est toi? Que fais-tu maintenant?

— Pas grand'chose pour le moment ; mais on me fait espérer une place de *décoré de magasin*.

II

Vous avouerai-je une de mes faiblesses?

Parfois, en lisant dans les journaux l'énumération des avantages sans nombre attachés à la profession de ténor, je me suis pris à regretter amèrement que la nature ne m'eût pas gratifié d'une voix capable de donner l'*ut* dièze ou naturel.

Il faut croire, d'ailleurs, que ce vœu secret ne m'est pas exclusivement particulier, en juger par la quantité d'honorables citoyens qu'on a arrachés ou qui se sont arrachés eux-mêmes aux professions les plus diverses pour cultiver le récitatif et le morceau de bravoure.

Depuis Poultier, le tonnelier célèbre, nous avons eu tour à tour des brasseurs, des professeurs, des quincailliers, des tambours de la garde, des paysans qui ont essayé de suivre la carrière que l'engouement du jour sème de billets de banque.

On assure même que des agents parcourent incessamment les campagnes pour y chercher des organes susceptibles d'éducation.

Ce qui expliquerait pourquoi l'on se plaint tant que la terre manque de bras.

Mais grâce au ciel et à un docteur américain, qui fait annoncer pompeusement sa découverte dans les journaux de New-York, tout cela va changer de face.

L'art va devenir un commerce, et l'on ne tardera pas à voir s'ouvrir de véritables fabriques musicales.

Fabriques n'est point ici pour l'effet.

Le docteur américain, en effet, déclare avoir trouvé le secret de la voix humaine.

Tout dépend de la conformation physique du larynx. Ceci ressemble à une lapalissade, mais attendez la fin.

Si le larynx est mal conformé, pourquoi ne le modifierait-on pas?

Ici est la découverte.

Le docteur Matterson a trouvé le secret de ces modifications. Avec son bistouri, il vous travaille cinq minutes le gosier, enlève, rogne, découpe, et, à votre choix, que vous soyez homme ou femme, fait de vous un ténor splendide, un baryton irréprochable, un contralto éclatant, un soprano mélodieux.

N'est-ce pas tout simplement une révolution qui se prépare?

On n'enverra plus les jeunes gens qui se destinent au théâtre suivre les cours du Conservatoire, on les enverra à la Clinique.

— Quelle jolie voix a mademoiselle votre fille, dira un invité à un estimable rentier de qui la demoiselle aura chanté, dans une soirée, la romance des *Petits Oiseaux.*

— N'est-ce pas qu'elle a une jolie voix? fera le père radieux. Elle lui a coûté assez de peine.

— Elle a étudié longtemps?

— Etudié! Pas du tout. Mais elle a dû se faire opérer trois fois les deux premières n'ayant pas réussi. Sans compter que, d'ici à un mois, elle chantera bien mieux encore, lorsque son talent sera tout à fait cicatrisé...

Et quelle ressource pour les déclassés!

Tout cancre bravera au collège les semonces de ses professeurs en leur répondant effrontément :

— Cela m'est bien égal. Quand je serai grand, je me ferai enlever les amygdales et je m'établirai basse chantante...

Pourtant — on ne peut pas se le dissimuler — l'invention du docteur Matterson a son revers de médaille.

Ce qui constitue la valeur des notes de poitrine et des vocalises, c'est précisément la rareté des virtuoses.

Le jour où le système américain triomphera, cette spécialité sera tombée dans le domaine public ; le jour où, à force d'opérer des artistes, on en sera venu à un encombrement tel que chaque café chantant aura deux cents Tamberlicks à sa disposition, alors commencera inévitablement une débâcle.

Mais à quoi bon s'en effrayer?

Qui sait sait si ce ne sera pas là une utile leçon donnée aux ambitions excessives, et un moyen détourné de ramener à l'agriculture ces bras dont nous avons reconnu qu'elle manquait?

* *
*

Molière, dans une de ses comédies les moins citées, ce qui ne prouve pas que ce soit la plus mauvaise, a groupé, sous le nom de *fâcheux*, une plaisante collection de ces types d'importuns que l'argot moderne a baptisés du nom de *gêneurs*.

Mais, comme nous ne sommes point en progrès pour rien, l'espèce s'est perfectionnée et multipliée, à tel point qu'elle a envahi peu à peu nos maisons, nos promenades, nos théâtres, et surtout nos chemins de fer.

Oh! les *fâcheux du voyage!* La pire race de toutes! la plus abominable des persécutions !

Vous êtes, vous huitième, — ou dixième, — dans un compartiment.

Vous avez à souffrir déjà de la fatigue, du dérangement de vos habitudes, de la suffocation, de ceci, de cela et du reste.

C'est déjà trop.

Arrive en surcroit le fâcheux, protée multiple, caméléon aux innombrables couleurs.

Celui-ci, c'est le *monsieur qui a besoin d'air.*

Ne lui parlez pas d'autre chose. Il a besoin d'air, c'est sa position sociale tout le temps qu'il roule dans un wagon.

Pour satisfaire ce besoin, il choisit de préférence le moment le plus froid de la nuit, l'heure où vous commenciez à sommeiller.

Tout à coup vous sentez une bise aigrelette se glisser sous votre paletot, vous vous réveillez en éternuant.

Hatch!... Hact... Pardon, monsieur, seriez-vous assez bon pour fermer un des deux côtés?

— Monsieur, j'en suis bien fâché, mais j'ai besoin d'air.

— C'est que cela fait un vent coulis!

— Désolé!

— J'ai ma femme malade et je craindrais...

— Changez de wagon, si vous voulez, mais j'ai besoin d'air ; chacun pour soi en voyage.

Comme pendant au précédent, voici le *monsieur qui a peur de s'enrhumer.*

Celui-là, pour être bien sûr qu'on n'ouvrira pas la portière, saisit en partant la lanière de cuir qui en fait mouvoir le carreau et ne la quitte plus.

Mettez-en un à chaque coin et vous êtes sûr d'une apoplexie par suffocation, à moitié chemin.

Cet autre est le *voyageur qui connaît tout.*

— Monsieur, auriez-vous l'obligeance de changer de place avec moi, afin que je puisse être auprès de mon ami?

— Non, merci, je la connais, c'est pour me faire aller à reculons.

— Ah! nous approchons des montagnes... Il

paraît que le point de vue devient superbe...

— Peuth ! superbe ! On la connaît ! Quand on a vu les buttes Montmartre, il suffit de se les représenter une centaine de fois plus grosses pour avoir le mont Blanc.

— Descendez-vous au buffet?

— Les buffets ! on la connaît. Des empoisonnements patentés... J'ai emporté de Paris mon affaire... une tranche de saucisson à l'ail !

Ce quatrième, comme contraste, est le *voyageur qui ne connaît rien.*

Malheur à vous si vous êtes son voisin. Vous n'aurez de repos ni jour ni nuit.

— Monsieur, quelle est cette ville? Savez-vous dans quel département nous sommes? A quelle heure arrive-t-on à Dijon?... Est-ce dix minutes ou onze minutes d'arrêt pour Dijon? Voudriez-vous me prêter votre *Indicateur?* A quel hôtel me conseillez-vous de descendre? Quel est ce clocher pointu?... Sont-ce des champs de colza ou de sarrazin?

Un questionnaire vivant — et parlant sans relâche !

En voici quatre.

Ils sont cent, deux cent mille !

C'est le monsieur qui vous entretient, pendant 1,240 kilomètres, des bons de loterie et de l'avenir des haricots verts qu'il compte, au retour, semer dans sa propriété de Saint-Cloud.

C'est le monsieur de mauvais augure qui vous annonce que le train va passer dans un endroit où se sont déjà produits cinquante accidents, ou vous avertit qu'il y a une épidémie de fièvre typhoïde dans la ville où vous allez.

C'est ce farceur qui fait des calembours et imite feu Grassot pour tromper les lenteurs de la route ; — celui que la fumée incommode, mais qui prise, pendant tout le parcours, dans les yeux de ses voisins ; — celui qui... On n'en finirait pas, — surtout si après *ceux qui* on passait à *celles qui...*

Mais la galanterie s'y oppose.

Je termine donc.

Le ciel vous préserve, lecteur, des fâcheux de la locomotion, et puissiez-vous, au retour de vos excursions de cet été, ne pas dire avec un humoriste :

« Le voyage, oui!... une chose charmante, s'il n'y avait pas de voyageurs! »

*
* *

Je vous recommande cet écho tout frais de police correctionnelle.

On jugeait un charlatan prévenu d'avoir exercé illégalement une médecine de fantaisie, également désastreuse pour la bourse et pour la vie des malades.

Au nombre des témoins figurait un brave homme de Puteaux dont l'épouse a succombé au traitement de l'empirique.

Et le président de lui adresser une vive remontrance à l'occasion de la légèreté avec laquelle il avait cru aux promesses de ce bilboquet médical.

Le bonhomme avait écouté la semonce. Quand elle fut finie :

— Je ne vous dis pas, monsieur le président... mais, vous savez, on n'y regarde pas de si près, quand ce n'est pas pour soi...

⁂

Deux voitures passaient.

La première, une charrette.

La seconde, un corbillard de seconde classe avec une quantité suffisante d'argentures.

Le corbillard accrocha la charrette.

Conflit.

— Maladroit !

— Propre à rien !

— Va donc, exclame le charretier surexcité, c'est toujours pas toi qui m'emporteras là-bas !

— Je crois bien, riposte le cocher funèbre, *je choisis mon monde!*...

Ah! si feu Vadé eût été là !

⁂

— Allons! encore une corvée! fis-je en refermant la porte de la boutique dans laquelle j'étais entré et en rejoignant l'ami qui m'attendait sur le boulevard.

— De quelle corvée parlez-vous donc?

— Des cartes de visite dont je viens de me commander deux centaines... L'absurde coutume! l'usage abominable! Comprenez-vous que chez un peuple civilisé ou qui prétend l'être...

— Tout beau, mon cher, interrompit mon

ami avec un flegme railleur, en plein milieu de ma tirade, tout beau, vous allez vous échauffer la bile.

— Mais aussi peut-on imaginer rien de plus saugrenu que ce...

— Hé! hé!

— Comment *hé! hé!*

— Vous me permettrez, s'il vous plaît, de n'être pas de votre avis.

— Oseriez-vous défendre cette sotte habitude? Ce carré de papier ridicule dont...

— Oui, mon cher, j'aurai ce courage, cette audace, cette témérité. La carte de visite est une calamité contre laquelle j'entends, depuis dix ans, diriger les mêmes attaques banales, redire les mêmes lieux communs, refaire les mêmes plaisanteries d'occasion. Ce thème est devenu le cheval de bataille de tout chroniqueur en disette, de tout faiseur d'esprit à sec. Or, je vous le déclare net, j'ai assez et trop de ces rengaines. Je m'insurge contre ces diffamations et je crie bien haut et bien franc : *Vite la carte de visite !*

— Par exemple, mon bon, vous dépassez les bornes de l'excentricité, et je serais curieux de voir comment vous pourriez vous y prendre pour soutenir cette thèse hasardeuse.

— Comment je pourrais m'y prendre?

— Certainement.

— Mon Dieu, pour peu que cela vous intéresse, rien de plus simple, rien de plus aisé.

— J'écoute.

— Mon cher ami, reprit-il en ralentissant le pas, en quelques mots je vais vous dire pourquoi j'aime la carte de visite. Je l'aime parce que c'est une protestation forcée contre l'indifférence et l'oubli qui, de nos jours, deviennent de plus en plus une règle générale. Je l'aime parce que c'est un des derniers boulevards de la politesse contre le sans-gêne. Je l'aime, parce que c'est l'un des représentants de cette douce chose qu'on appelle le souvenir.

La vie moderne est emportée dans un tourbillon effréné.

C'est la danse de Saint-Guy des passions et des intérêts. On ne fait que passer, et les sentiments ne sont déjà plus les mêmes. On se préoccupe tant de soi, qu'on n'a plus le temps de se préoccuper des autres.

Eh bien! au milieu de ces conflits, de ce tohu-bohu, de cette course au clocher du Vivrevite, la carte de visite arrive comme une trêve.

Je sais bien que cela semble grotesque au premier abord, *ne m'oubliez pas!* sur porcelaine... un myosotis de carton !

Mais, en somme, j'estime, moi, que cela vaut mieux encore que rien.

Est-ce donc trop qu'une fois par an on soit obligé de faire l'examen de conscience de sa frivolité?

L'année entière s'est écoulée insouciante. On a préféré — c'est ainsi que nous sommes faits

— les liaisons frivoles aux relations solides.

Dans le cache-cache de l'existence, on a perdu de vue celui que l'on aimait bien, celui-là que les aventures ont éloigné...

Mais arrive le mois de janvier, — et avec lui les cartes de visites.

— Ah! sans doute, dans le tas, ce sont les indifférents qui font majorité. Mais qu'importe, si, entre cent, vous en avez aperçu une, une seule qui vous ait fait battre le cœur!...

Et vous la prenez, et vous la regardez silencieusement :

— *Un tel*... ce pauvre *un tel*... Comment, il n'est pas mort!... Depuis le temps que je n'en avais entendu parler!... Un si vieux camarade!... Nous étions au collége ensemble... Il faudra que j'aille le voir... Nous reparlerons de nos maîtres d'étude et de nos seize ans.

Cette simple carte devient pour nous toute une évocation de la jeunesse, des chères années de gaîté, des belles heures printanières...

Et vous voudriez que je n'aimasse pas cette carte-là.

Une autre fois c'est un ami avec lequel on s'est fâché pour une futilité.

On se boude, on ne se reverrait jamais peut-être.

Mais la carte de visite est là!

Elle arrive en parlementaire le matin du 1ᵉʳ janvier.

— C'est moi! Je viens, envoyée par l'ami X.. Il n'a pas osé venir lui-même... Mais je suis là pour t'attester qu'il ne t'oublie pas et qu'il voudrait bien...

— Allons donc! morbleu! à la bonne heure! ouvrons les bras, et embrassons-nous, Folleville!

. La carte de visite a rompu la glace. Tout est sauvé. Je n'en finirais pas, mon cher, si je voulais énumérer toutes les vertus et tous les mérites de ma cliente.

Il en est un cependant que je ne saurais passer sous silence, et qui est spécialement dédié aux pauvres diables, aux débiteurs malheureux.

Bénie soit la carte que leur fournisseur leur envoie pour lui apprendre qu'il a changé d'adresse.

Grâce à elle, ils ne seront plus exposés à passer dans ce quartier-là... Casse-cou!

Vous le voyez, monsieur, il ne faut pas médire de la carte de visite. Elle vaut à coup sûr plus qu'on ne l'achète.

En achevant ces mots, mon ami me serra la main et rentra chez lui.

Est-ce qu'il aurait raison?

*
* *

Ce qui va suivre est bien simple.

Pour corser un peu le récit, j'avais pensé —

un instant, oh! rien qu'un instant! — à le mettre en vers ; mais je suis revenu à temps à des sentiments plus sensés.

Et je vais vous faire ma petite narration dans cette bonne vieille prose qui, quoi qu'on rime, est et sera toujours la plus saine des nourritures, — comme qui dirait le pain de la lecture, dont la poésie est le gâteau.

Or, la scène se passe, si vous le voulez bien, dans la gare du chemin de fer de l'Ouest.

Votre très-humble serviteur traverse, sans penser à mal, la galerie publique qui conduit à la rue d'Amsterdam.

Un monsieur se jette dans les jambes de votre serviteur qui, justement courroucé :

— Maladroit !... Est-ce que vous ne pouvez pas faire attention à...

Mais la phrase de mauvaise humeur s'est interrompue sur mes lèvres et a fait place à un :

— Comment, c'est toi !

Car je venais de reconnaître Durand, un de mes bons amis, employé au ministère de ***.

Et lui serrant cordialement la main :

— Ah çà, mon gaillard, où diable cours-tu si vite, que tu te lances à travers les passants comme une locomotive échappée !

— Où je cours ! Parbleu ! au bureau des billets !

— Tu pars ?

— Sans doute. Est-ce que ces choses-là se demandent, un pareil jour ! Je profite des quarante-huit heures de congé que me donnent les fêtes pour fuir ce Paris maudit, ce Paris poudreux, ce Paris empesté que vont rendre plus odieux encore les réjouissances publiques... Ne serais-tu pas de mon avis, par hasard ?

— Mais...

— Oh ! la foule, les rues dans lesquelles on boit, mange et respire du macadam volatilisé... Les gens qui vous marchent sur les pieds, les lampions qui vous pleurent sur les habits, les orgues qui vous assourdissent, les grillades en plein vent qui vous empoisonnent... C'est-à-dire que je ferais mille lieues, s'il était nécessaire, pour échapper à de semblables supplices et me réfugier dans les bras de la campagne... Rien que d'y songer, je sens des tintillements d'impatience... Mais la campagne est la vie... c'est le silence éloquent de la nature, c'est le calme bienfaisant, le recueillement suave. Un coin de bois, un rayon de soleil, un bout de pré, voilà le bonheur!... Adieu!... Je manquerais le train et je ne m'en consolerais jamais.

Sur quoi, mon ami Durand se précipita avec fureur vers le guichet.

Quant à moi, j'avais à peine fait quelques pas que grâce au tohu-bohu qui règne en ces lieux dans de telles circonstances je me heurtai à un second individu.

Celui-là, suivi d'un commissionnaire portant une malle légère, ne me laissa pas le temps de me reconnaître, et, me sautant au cou :

— Ah! parbleu, je suis bien aise que la première personne que je rencontre en débarquant soit un ancien camarade de collége !

A cette exclamation, je relevai la tête et me trouvai en face d'un de mes condisciples, brave garçon du nom de Duval qui est allé échouer dans l'étude de notaire d'un chef-lieu de canton normand.

Duval paraissait radieux et je me disposais à lui demander le motif de sa joie quand, me frappant cordialement sur l'épaule :

— Ah! mon cher..., si tu savais comme cela fait du bien de revoir Paris !... Grâce aux fêtes, j'ai deux journées de libres et j'en ai profité pour bondir jusqu'ici... J'ignore si tu es comme moi, mais rien ne me paraît admirable comme le pêle-mêle d'une fête parisienne... A la bonne heure, voilà de l'existence, du mouvement... Ce n'est plus la campagne, bête, morne, terne... Ce ne sont plus ces champs devant lesquels on bâille du matin au soir...

Ces bois monotones, où des oiseaux assommants sifflent des refrains crispants!

Cette perpétuelle solitude suintant l'ennui et conduisant au spleen directement.

Dieu! qu'on est enfant!

Croirais-tu que cela va être pour moi un bonheur réel de me sentir bousculé, de savourer une atmosphère habitée!

Je ne veux pas manquer un seul des plaisirs du programme... J'adore les illuminations... Je raffole des joûtes. Je ne trouve rien de comparable à un feu d'artifice!

Tiens! Pardonne-moi ; mais j'ai hâte d'aller déposer ma malle à l'hôtel pour fouler à mon aise les trottoirs et contempler des becs de gaz...

Au revoir... J'irai te faire visite avant de retourner dans ma prison champêtre...

O Paris! Paris!! Paris!!!

En achevant ces mots, il partit comme un trait.

Resté seul, je me pris à rapprocher les deux panégyriques que je venais d'entendre. Attrait fatal de ce que nous n'avons point ! Grâce à toi, nous sommes et serons tous éternellement des Durands et des Duvals ici-bas !

⁂

Un simple drame bourgeois, mais un drame qui a bien son côté poignant. D'abord il a pour lui le mérite de la vérité.

La scène se passait, l'autre jour, dans une église. Il s'agissait de procéder au baptême d'un garçon de cinq ou six mois. Les parents étaient là. Scène de famille. On attendait le prêtre, retenu par une autre cérémonie.

Et le suisse, en manière de passe-temps, promenait le doigt sur le menton du bébé, pour le faire rire ; puis, histoire de dire quelque chose d'agréable :

— Ma foi, monsieur, fit-il, s'adressant au père, vous pouvez vous vanter que votre fils vous ressemble joliment !

Ces mots étaient à peine prononcés, que la mère tombait en faiblesse sur une chaise, tandis que celui à qui le suisse avait parlé passait par toutes les couleurs de l'arc-en-ciel, sous le regard menaçant du mari. Le compliment s'était trompé de direction et avait frappé à l'improviste le parrain.

La cérémonie achevée, le mari souffletait celui-ci, et on s'est coupé la gorge, sans préjudice d'un procès en séparation de corps.

Ce qui prouve une fois de plus que bonne intention ne peut pas être réputée pour le fait.

*
* *

Depuis quelque temps, il est fortement question d'abolir le taux légal de l'intérêt, — ce qui équivaudrait à la suppression des peines édictées contre l'usure.

Je me permettrai donc de présenter ici ma très-humble requête en faveur de ce personnage de comédie, évidemment trop méconnu, qu'on appelle encore, jusqu'à nouvel ordre, un *usurier*.

Il me souvient que, dans ma tendre jeunesse, je dévorais en cachette tous les romans qui avaient alors des succès de cabinet de lecture.

Dans chacun desdits romans, il était invariablement question d'un bonhomme fauve, au nez crochu, aux lunettes vertes sur des yeux caves, au crâne nu comme la façade de l'Odéon, et sinistrement coiffé d'un bonnet de soie dont la mèche avait des airs de cornes.

C'était lui.

Lui, l'usurier qui uniformément faisait souscrire au héros du roman cent mille francs de lettres de change contre lesquelles il lui donnait quatre-vingt-dix-neuf mille huit cent soixante-quinze francs de perroquets empaillés.

Quand on est jeune, on a de la sensibilité.

Aussi cette effroyable consommation de volatiles m'avait exaspéré contre le Méphisto à bonnet de soie.

Mais depuis, j'ai appris que s'il fallait approvisionner de perroquets tous les fils de famille, ces oiseaux deviendraient rares au point que lesdits fils s'enrichiraient promptement, rien qu'à les revendre aux cabinets d'histoire naturelle.

J'ai appris, en outre, que l'usurier moderne était un monsieur comme tout le monde, remplaçant les cornes par des gants.

J'ai réfléchi enfin qu'il était inique d'avoir deux poids et deux mesures.

Tous les ans, vous lisez dans les journaux des arrêtés des conseils de préfecture allouant une prime pour la destruction des mulots, loirs, taupes et autres animaux nuisibles.

Et l'on poursuit l'usurier, qui est voué à l'extermination et à la ruine de l'espèce *gandin*, ce charançon social !

Eh bien! moi, si j'en avais la faculté, je rendrais demain l'arrêté suivant :

Ordonnance relative à la salubrité publique.

Vu les lois... des... des... etc..., relatives au bon entretien des rues, voies et boulevards ;

Nous avons décrété ce qui suit :

ARTICLE 1ᵉʳ

Une prime est instituée pour l'abolition de la race éminemment nuisible des *gandins*.

ARTICLE II

Cette prime sera versée à tout usurier qui prouvera en avoir supprimé un...

Plaît-il?

Vous me dites que je n'ai pas tort quant aux gandins, mais que je montre une partialité révoltante pour leurs ennemis.

Attendez donc.

Vous ne me laissez pas le temps de compléter mon arrêté.

Car je n'avais pas fini.

Il y a encore un paragraphe ainsi formulé :

ARTICLE III ET DERNIER

Considérant que la réciproque rend également service à la société, la même prime sera comptée à tout gandin qui prouvera qu'il a ruiné un usurier.

Voilà mon opinion sur la question de l'usure. Et vous verrez qu'elle est éminemment pratique.

III

Il est des expressions d'une élasticité redoutable. Celle d'*artiste* entre toutes.

Où commence l'artiste? où finit-il? C'est ce que je me demandais hier en lisant un prospectus d'un menuisier qui prenait la qualité d'*artiste en parquets*.

Comme la Légion d'honneur, ce nom se décerne trop souvent à tort et à travers. Êtes-vous une notabilité dramatique? Vous recevez le matin à votre petit lever des lettres qui s'expriment ainsi :

« Mon cher confrère,

» J'ai exercé pendant dix ans au Cirque la profession de flot. Ce que j'ai porté de tempêtes sur mes épaules est incalculable ; mais, hélas ! dans le métier de flot, il n'y a que l'eau à boire.

» Ne doutant pas que vous ne soyez disposé à venir en aide à un artiste, je vous prie de vouloir bien remettre au porteur la petite somme de vingt francs dont j'ai besoin pour payer mon terme.

» Agréez, etc. »

Ou bien encore :

« Mon cher confrère,

» Depuis que j'ai quitté l'Opéra, où je figurais avec éclat les jambes de devant d'un des chameaux de la caravane, le destin s'est acharné à me poursuivre. Mais j'ai une idée. Une représentation à mon bénéfice pourrait me tirer d'affaire. Je viens donc vous demander votre concours.

» Si la pièce que vous choisirez comporte un chameau, on pourrait annoncer que, pour cette fois seulement, je ferai ma rentrée dans les jambes de devant, témoins de mes anciens succès. Cela pourra avoir de l'influence sur la recette.

« Réponse, s. v. p., chez le distillateur en face, à l'enseigne du *Comptoir électeurique.* »

Oui, c'est là malheureusement une tendance de notre époque. Sans cesse, on parle d'égalité, et c'est à qui reniera cette égalité-là.

Pourquoi le coiffeur a-t-il l'air de répudier sa profession en s'intitulant artiste capillaire ?

Parce qu'ainsi le veut la loi de commune vanité ;

Parce que le locataire dédaigne son portier qui dédaigne à son tour l'ouvrier, qui dédaigne le domestique, qui dédaigne. . . . . . .

L'amour-propre faisant la chaîne.

Attachons-nous donc un peu moins aux mots, et soucions-nous davantage des réalités.

L'artiste en parquets dont je parlais en commençant pourrait être célèbre comme menuisier, et médaillé et le reste. Comme artiste, il ne sera jamais que grotesque.

Car ces travestissements ne trompent personne, car ces vernis menteurs sont si peu solides qu'on n'a pas besoin de les gratter.

Ils tombent tout seuls.

*
* *

Donc, voilà qui est décidé.

Après de longs mois, de longues années de recherches et d'essais infructueux, on est enfin parvenu à résoudre un des problèmes qui passaient pour insolubles.

Je veux parler du compteur.

Désormais plus de contestations !

L'aiguille, poursuivant sa carrière, versera des torrents de lumière sur tous les points si souvent obscurs qui risquaient de mettre aux prises le cocher et la pratique.

C'est l'âge d'or qui va commencer ; et certes je serais mal venu à méconnaître les bienfaits de cette précieuse invention.

Mais...

Mais voyez combien l'homme est insatiable !

A peine avais-je appris la réalisation de cette découverte intéressante, qu'aussitôt je me pris à rêver des applications multiples de ce procédé si éminemment utile.

O compteur! que de services tu pourrais rendre à l'humanité, si quelque mécanicien de génie parvenait à généraliser ton emploi!

O compteur! que d'emplois tu pourrais avoir dans l'existence humaine!

O compteur! que de leçons tu pourrais nous donner!

Je te voudrais, d'abord, si la chose ne dépendait que de moi, adapté au coffre-fort du prodigue.

Ils sont si puissants, les entraînements de la vie parisienne!

On est jeune, on a sur la planche quelques belles et bonnes rentes. A quoi servirait de calculer.

A vingt-cinq ans, ne croit-on pas toujours aux cassettes inépuisables?

Tant et si bien qu'à force de faire percer des fenêtres pour y jeter son argent, la pénurie arrive.

Le flot d'or qui apporta les amitiés éphémères les remporte.

On reste seul... avec sa déconfiture.

Mais supposez-le en exercice, le compteur prudent.

Vous placez dans un tiroir vos revenus de l'année. Tant par jour.

Si ce tant-là est dépassé, crac, un joli petit ressort joue aussitôt, et du tiroir jaillit une intelligente pancarte sur laquelle vous lisez :

« Mon cher ami,

» De ce train-là vous n'en avez pas pour trois ans ! Garde à vous.

» La contrainte par corps est abolie, mais non la saisie-exécution. »

Un bon averti en vaut deux. Vous vous grattez l'oreille, vous remettez dans le tiroir la somme que vous alliez prendre, le ressort rentre dans sa charnière, — et vous êtes sauvé !

O mon compteur, que je te remercie !...

Autre exemple :

Vous avez une bonne, qui est un véritable professeur de danse pour les anses des paniers qu'on lui confie.

Vite un amour de compteur à la poche de l'infidèle.

Un bijou imperceptible qui veille pour vous et au retour vous dit avec la franchise de l'arithmétique :

« Nous avons dépensé dix francs, pas un denier de plus ! »

Troisième exemple :

Vous savez bien maître X..., l'avocat.

Un galant homme en vérité, — qui n'a qu'un tout petit travers.

Maître X... parle, sans verre d'eau, cinq heures durant.

D'où il résulte que maître X... lasse ses auditeurs au lieu de les convaincre.

Mais adaptez au pan de sa robe un compteur de précaution, auquel on aura recommandé de ne laisser parler maître X... que le temps strictement nécessaire.

Soudain, alors qu'il allait se lancer dans ses périodes perpétuelles, l'orateur se sent vivement tiré par sa toge. Il veut résister. L'appareil tient bon et les secousses redoublent. Maître X... voit la partie inégale, se résume — et gagne son procès.

Quatrième exemple...

Mais, à vouloir développer mon sujet, j'allais oublier de me conformer à ses enseignements.

Notre compteur, à nous, c'est la patience du lecteur.

N'en abusons pas.

*
**

Ne vous êtes-vous pas aperçus depuis quelque temps des tendances littéraires de la réclame contemporaine ?

Jadis, aux jours de naïve simplicité, l'annonce se présentait parée des plus candides atours au public dont elle briguait la conquête. Elle avait un air de bonhomie et de franchise qui prévenait en sa faveur.

Aujourd'hui, c'est autre chose.

Madame la Réclame, qui tient à marcher avec son siècle, comprenant sans doute que la simplicité est hors de mode, s'habille au goût du moment. Elle porte crinoline et robe à double jupe, se chamarre de bijoux clinquants et cherche à attirer l'œil par l'éclat de son costume. La réclame tourne à la fille de marbre.

Or, ces bijoux de la réclame sont surtout des bijoux littéraires. Annoncer bonnement un taffetas pour les durillons ou un remède pour les crampes d'estomac, fi donc ! C'était tout au plus convenable à l'époque des spencers et des chapeaux bibis. Désormais la réthorique ne sait plus avoir de secrets pour madame la Réclame ; un cortége de poëtes et d'écrivains sont appelés à l'honneur de porter son éventail et de tirer sur son passage des feux d'artifice de style.

De là, pour le public, une déception qui se renouvelle tous les jours. En parcourant les nouvelles diverses, un alinéa palpitant frappe les yeux du lecteur. Les premières lignes font venir l'eau à la bouche, il rêve quelque crime réussi, quelque aventure invraisemblable... Hélas ! l'illusion est de courte durée : *desinit in piscem!* l'anecdote finit en queue de poisson, autrement dit en une anecdote *d'huile de foie de morue préparée à froid !*

La réclame littéraire ainsi conçue a déjà une

poétique à elle appartenant, et subdivise ses morceaux choisis en catégories, d'après les plus purs principes de Laharpe. Quelques modèles édifieront les lecteurs sur la valeur de chacun de ces genres.

Premier modèle (genre lyrique, exorde *ex abrupto*). — *Mon royaume pour un cheval*, s'écriait autrefois au moment de sa défaite un roi d'Angleterre. Il avait raison, ce monarque, comme l'a dit M. de Buffon : « Le cheval est la plus belle conquête de l'homme. » De là l'intérêt qui s'attache à toutes les ventes où figure ce quadrupède, orgueil de la création. Aussi nous empressons-nous de faire savoir au public qu'une importante vente de chevaux aura lieu samedi, 10 du courant, aux écuries de M***, telle rue, tel numéro.

Deuxième modèle (genre élégiaque, exorde pénétré). — *Hélas! que j'en ai vu mourir de jeunes filles!* Pauvres fleurs moissonnées par une faux invisible! Elle était fraîche, elle était belle; l'avenir s'offrait à elle sous les plus riantes couleurs; soudain les couleurs disparurent, l'appétit s'envola, la gaîté fit place au marasme. La fleur s'étiolait. Pourquoi s'étiolait-elle? Parce qu'elle portait un corset qui la gênait, un corset mal fait, un bourreau de corset. Le corset est le Minotaure du dix-neuvième siècle ! Comprenez donc, ô élégantes, l'importance de cette partie de la toilette, et adressez-vous à madame***, l'inventrice du *corset hygiénique*. Le *corset hygiénique*, prenant la taille sans gêner les mouvements, etc., etc., est à lui seul un brevet de longévité.

Troisième modèle (genre badin, exorde léger). — Il est des gens économes et frondeurs qui prétendent pouvoir se passer de baromètre, sous prétexte que les cors au pied remplacent avec avantage ce moniteur de la température. Imprudents, au prix de quelles souffrances achètent-ils ces notions atmosphériques ! Que ceux-là réfléchissent et arrivent à résipiscence. Le cor négligé peut engendrer des dangers parfois mortels pour celui qui les coupe maladroitement. Avec le taffetas émulsif et destructeur, au contraire, le cor paralysé se cueille comme une branche de lilas. Le *taffetas émulsif* se vend chez le fabricant, etc., etc.

Quatrième modèle (genre bucolique, exorde en printemps mineur). — L'heure charmante du renouveau a sonné. L'oiseau jaseur babille avec son ami le feuillage ; le soleil, revenu de l'exil, met sous forme de rayon sa carte chez les fleurs, ses amantes ; la nature entière salue d'un hymne joyeux la résurrection nouvelle. Mais toute médaille a son revers, et cette sève que l'homme, comme les plantes, sent bouillonner en lui, a besoin d'être modérée. Aussi croyons-nous devoir recommander à nos lecteurs les pilules du docteur***. Ces pilules, en régularisant les fonctions de toute l'économie vitale, rétablissent l'équilibre, etc., etc., et se vendent trois francs la boîte, chez...

Ainsi chantent les bardes du prospectus, Amphions dont la lyre a pour mission de faire écrouler les murailles de notre porte-monnaie. N'a-t-on pas le droit, en présence de ces trahisons, de réclamer contre la réclame, et de s'écrier, en parodiant à l'instar de ces messieurs un mot célèbre : « O littérature ! que de b... ourdes commises en ton nom ! »

* * *

La réclame se signale d'ailleurs à chaque instant par un exploit inédit. Le dernier en date est vraiment digne d'admiration. C'est ce qu'on pourrait appeler les *puff à l'héroïsme*.

La recette en est simple, comme tout ce qui est réellement grand.

Dans le cas en question, il s'agit d'un cheval emporté qui a été arrêté par un brave homme d'ouvrier : jusque-là rien que des éloges. Mais attendez la fin.

Après le nom de l'ouvrier, la réclamomanie, flairant un débouché ingénieux, ne s'est-elle point avisé d'écrire dans les faits divers :

— *Garçon de magasin chez M. X., grainetier, telle rue, tel numéro.*

Comprenez-vous sur ce seul énoncé quels horizons s'ouvrent devant les exploiteurs de la quatrième page ! C'est à qui se sera, d'ici à une huitaine, procuré son *homme de dévouement* pour remplacer l'*homme de peine* de la routine. Je parierais même qu'avant peu on lira dans les *Petites Affiches* l'avis suivant :

« On demande tout de suite au magasin des biberons à secret, rue des Petits-Champs, 523, un homme sachant nager, arrêter les voitures, grimper aux échelles. S'il avait été pompier, ce serait une recommandation de plus. »

L'invitation lancée, le magasin des biberons à secret attendra les candidats.

— Monsieur, dira le patron au premier qui se présentera, l'affaire est des plus claires et la place que je vous propose est des plus faciles à remplir. Vos occupations consisteront à ne rien faire du matin au soir.

— Comment...

— Permettez... A ne rien faire du matin au soir. Les mains dans les poches, vous vous promènerez seulement à travers les rues de la capitale, cherchant un accident propice.

— Quel accident?

— De grâce, ne m'interrompez donc pas. Dès que vous verrez une femme ouvrir sa fenêtre pour se jeter sur le pavé, vous vous élancerez et vous la recevrez dans vos bras. Si un cheval de fiacre prend le mors aux dents, vous vous ferez traîner jusqu'à ce que vous en soyez devenu maître. Aussitôt qu'une lueur rougeâtre éclairera un des côtés du ciel, vous sauterez dans une voiture et vous vous transporterez sur le théâtre de l'incendie. Là, vous tâcherez de saula vie à une ou plusieurs personnes, et le lendemain, quand le sort vous aura favorisé d'un sinistre quelconque, vous irez porter à la *Gazette* et au *Droit* un récit de vos prouesses, en ayant soin de mentionner que vous êtes au service des *Biberons à secret*, brevetés pour la France et l'étranger. Comprenez-vous maintenant ?

— Dame !

— Vous comprenez ! bien ! Je vous donne deux cents francs de fixe par mois. Vingt francs de prime par accident. Si vous êtes blessé, ce qui ajoutera à mon annonce un intérêt particulier, il y aura pour vous une gratification de cinquante francs. Si la blessure est grave, j'irai jusqu'à cent. En cas de décès, superbe réclame pour mon établissement, — je fais cent écus de rente à votre veuve, si vous jugez à propos d'en avoir une.

Prendre le bras du vénérable Montyon pour une enseigne !

⁂

Une naïveté recueillie au vol devant le théâtre des Italiens.

L'affiche portait : *Rigoletto.*

Passe un couple de vieux bourgeois :

— Tiens ! *Rigolette*, fait le mari qui, à ce qu'il paraît, a la vue basse, malgré ses lunettes.

Et sa femme d'ajouter :

— Je ne savais pas qu'on avait mis *les Mystères de Paris* en musique.

⁂

O médaille ! ô revers !

Cela avait commencé par un mariage d'amour

et cela finissait par une demande en séparation introduite devant le tribunal par l'épouse désabusée.

La plaignante exposait ses griefs.

— Pourtant, lui objectait le président, votre mari vous a aimée !

— Pour ça, oui, monsieur le président. Seulement les temps sont changés... Autrefois, quand il me voyait, c'était son cœur qui battait... Maintenant, c'est sa canne.

*
* *

Un autre curieux procès vient d'être plaidé.

Il s'agissait d'une demi-mondaine célèbre, qui était en contestation avec l'un de ses fournisseurs, relativement à une note trop rondelette présentée par celui-ci. La chose n'a rien d'extraordinaire en soi ; les notes qu'on présente à ces dames sont généralement imposantes, et les contestations qui en résultent ont vingt fois fait retentir les échos d'un tribunal.

Mais, habituellement, il s'agit toujours ou d'un bijoutier qui a prouvé trop imprudemment que les diamants vont toujours à la rivière, ou d'un marchand de nouveautés qui a prodigué les dentelles et les soieries.

Cette fois, au contraire, il s'agissait d'un libraire. Vous avez bien lu, d'un libraire, et, parmi les livres de prix fournis à cette célébrité galante, on voit, avec une stupéfaction profonde, figurer *la Bible*, *l'Imitation de Jésus-Christ* et l'*Histoire de France* d'Henri Martin.

Pour ceux qui aiment les contrastes, l'occasion était belle.

Il ne faudrait pas croire cependant que le cas actuel fût un cas isolé. Il est volontiers de mode, dans un certain monde, de se faire une bibliothèque.

On connaît l'histoire de cette danseuse du dix-huitième siècle, qui, elle aussi, avait voulu s'offrir cette fantaisie de bibliomane.

Elle causait avec le marchand qui devait lui faire ses fournitures.

— Ah ! dit-elle soudain, j'oubliais dans ma liste une *Histoire de France*.

— De quel auteur ? demanda le libraire.

— Dame, répondit la belle, se méprenant et montrant avec les deux mains, à peu près de cette hauteur-là ; il y a un pied et demi d'intervalle entre chaque tablette.

C'est la même pirouetteuse qui, une fois sa collection complétée, demandait à Champfort une devise à graver au sommet de cette bibliothèque monumentale.

— Mettez, dit Champfort, *beaucoup d'appelés et peu de lus.*

Sans remonter aussi loin, l'attitude littéraire a plus d'une fois préoccupé les reines du demi-monde. Sans parler de celles qui ont fait écrire leurs mémoires, beaucoup d'autres ont visé à se faire une réputation de lettrées.

Du nombre était, il y a quelques années, une millionnaire de Cythère qui était revenue de Russie avec d'invraisemblables provisions de roubles. La belle était d'une bêtise qui rivalisait avec ses charmes. C'est tout dire. Ce qui ne l'empêchait pas, pour masquer cette infirmité cérébrale, de saisir un livre quand elle entendait venir quelqu'un, et de paraître plongée dans une lecture pleine de méditation.

C'était sa pose favorite et uniforme.

Un jour, comme elle tenait à la main je ne sais quel énorme bouquin, dont elle était incapable de comprendre le premier mot, entre chez elle Nestor Roqueplan.

— Vous voyez, dit-elle en montrant le volumineux in-quarto, toujours mon occupation habituelle !

— Ma chère, répliqua Roqueplan, je vous

assure que, pour faire de la gymnastique, des *haltères* vous seraient plus commodes.

Depuis lors, mademoiselle X... eut soin de réduire les proportions de ses volumes.

⁎⁎⁎

Peut-être aurez-vous la curiosité de savoir si l'invicible héros de la Manche est mort sans laisser d'héritiers.

Eh bien ! non, soyez satisfaits, si vous vous intéressez à cette illustre famille.

Les petits-fils de don Quichotte existent !

Ils ne portent plus, comme leur célèbre père, les brassards, les jambards et la cuirasse. Autres temps, autres costumes.

Ils s'habillent prosaïquement comme vous, moi ou un autre. Au premier abord même, vous ne les reconnaîtriez peut-être pas sous le paletot monotone qui fait que tous les hommes sont aujourd'hui égaux... devant le tailleur.

Mais l'habit ne fait pas le moine ; c'est par les sentiments que s'affirme le bon et le vrai don quichottisme, — et, sous ce rapport, ses petits-fils sont vraiment restés dignes de lui.

Hélas ! aussi — il le faut bien dire — les pauvres gens ne sont pas beaucoup plus heureux que leur noble aïeul.

Comme lui, ils rencontrent le dédain et l'ironie ; comme lui, ils sont souvent traités de fous. Que voulez-vous ! le monde est ainsi fait.

L'un des petits-fils de don Quichotte a embrassé la carrière de la science.

Brave et grand esprit !

Toujours absorbé par la poursuite d'un problème nouveau, il accumule les découvertes, sans prendre le temps de s'arrêter à aucune.

A peine a-t-il réalisé une invention, que la soif de connaître le pousse en avant. Il pourrait la faire fructifier, en tirer de gros bénéfices. Allons donc ! n'a-t-il pas à arracher au fond de ses alambics quelque autre mystère scientifique ? Et le voilà reparti pour ce que Balzac appelait la *recherche de l'inconnu.*

Cependant, derrière lui arrive en tapinois un monsieur qui a flairé l'occasion propice. Le monsieur — qui n'est parfois qu'un imbécile — empoche la découverte, la fait valoir, y met son nom, et en tire à la fois beaucoup de gloire et énormément d'argent.

Pauvre don Quichotte de la science !

Un autre des petits-fils du héros de la Manche s'est lancé dans la carrière dramatique.

Il travaille pour le théâtre.

Mais le damné sang qu'il a dans les veines fait des siennes.

Courant sans cesse après l'idéal, il ne sait pas se plier aux exigences du goût contemporain.

Il n'a jamais voulu écrire une pièce qui servît de prétexte à l'exhibition de costumes décolletés, d'animaux savants ou de trucs ingénieux.

Il respecte l'art. Il prétend en faire un culte.

Et le don Quichotte du théâtre, éconduit par tous les concierges de directeurs, n'arrivera pas plus que son frère !

Le troisième petit-fils du chevalier de Dulcinée a adopté la carrière du barreau.

Il a du talent, de l'éloquence, du feu sacré, mais.., mais vous lui portez, je suppose, un dossier. L'affaire n'est pas mauvaise. Présentée habilement, elle peut être gagnée. Seulement, au fond, c'est une chicane un peu bien injuste que vous cherchez à votre adversaire.

Le petit-fils de don Quichotte examine vos pièces, y découvre le point douteux et vous les rend en vous disant :

— Monsieur, je ne plaide que pour le bon droit incontestable : serviteur !

Une autre fois, ayant en main un procès gros, gras à ravir, un de ces procès qui peuvent nourrir leur monde pendant des années, il s'en ira trouver la partie adverse et amènera une conciliation avant plaidoirie.

Vous voyez bien que ce troisième frère-là restera en route comme les autres.

Un quatrième petit-fils de don Quichotte vient de se marier.

On lui offrait une dot de deux cent mille francs ; il a épousé un cœur riche seulement en tendresse.

Ses amis vont criant partout qu'il a fait une sottise.

Parbleu ! je vous l'ai dit. Les petits-fils de don Quichotte sont et seront toujours méconnus.

Pourtant, amis lecteurs, si vous rencontrez jamais l'un d'eux sur votre route, ne riez pas, je vous en prie, et tendez-lui plutôt la main.

Car ce don Quichotte, dont on s'égaye depuis si longtemps, représente tout simplement ici-bas le dévoûment et le devoir, — deux choses qu'on doit respecter, même quand elles dépassent le but.

Il en est tant d'autres qui n'essayent seulement pas de l'atteindre.

*
* *

Connaissez-vous Z...? Z... est un personnage étrange, mi-parti homme politique, mi-parti agent d'affaires. Il paraît malheureusement qu'il a le défaut de rançonner trop fortement les chancelleries qui acceptent ses services.

Ce qui a inspiré ce joli mot à un diplomate. On lui parlait de Z... comme d'un utile auxiliaire pour une négociation qui menaçait de rester longtemps pendante :

— Merci, répondit-il : il peut être plein de mérite, mais je n'en veux pas.

— Pourquoi?

— Parce que c'est un homme qui au bout de huit jours vous mange dans la poche.

*
**

Un chroniqueur est récemment marié.

Quoique jeune, il a pris une épouse qui frise de bien près le demi-siècle.

D'où l'étonnement de la galerie, qui s'est traduit par cette réflexion à l'emporte-pièce d'une actrice célèbre par ses ironies :

— C'est drôle, j'aurais cru que par profession il devait rechercher les actualités.

IV

Les droits ! Grand mot et grande chose qui font de nos jours l'objet des revendications de tous.

A preuve que les garçons de café et de restaurant sont en train de signer de leur côté une pétition pour réclamer la faculté d'avoir des prud'hommes. Il en était ainsi autrefois : les garçons de café et de restaurant étaient classés au nombre des ouvriers.

Un détail du plus comique a même été relevé à ce propos. Savez-vous sous quelle rubrique on les avait catalogués ! Dans la section des *produits chimiques* (sic) ! Comme c'est rassurant pour nos estomacs ! Quoi qu'il en soit, les garçons demandent à être remis dans la même situation, et leur pétition ne peut manquer d'éveiller la sollicitude, car c'est là, sans qu'il y paraisse, une des variétés de travail les plus pénibles qu'il y ait.

Un statisticien a calculé qu'en moyenne, dans un établissement achalandé, un garçon parcourt en allées et venues une distance de trente kilomètres (sept lieues et demie). Ajoutez à cela pour beaucoup la nécessité de monter et descendre perpétuellement d'un étage à un autre, et vous vous convaincrez que le garçon de café a à supporter, à l'état chronique, la fatigue d'un soldat en campagne.

Ce n'est pas tout : il faut tenir compte du chapitre des veilles. A deux heures du matin on est encore debout dans les établissements du boulevard. A sept heures il faut être sur pied : c'est cinq heures de sommeil. Quels flâneurs !

Les garçons de café et les garçons de restaurant sont en outre, pour l'observation des types, d'un réel intérêt. Trop souvent il faut qu'ils consentent à jouer au bénéfice du patron le rôle de complices pour l'exploitation du client. Mystères de la carte frauduleuse, qui pourra jamais sonder vos profondeurs ?

La vie du garçon parisien, c'est la mise en action perpétuelle du morceau épileptique de Figaro dans le *Barbier de Séville :* « Figaro ci ! Figaro là ! » La belle affaire ! Ce n'est pas à deux, ce n'est pas à trois personnes que le garçon est obligé de répondre, c'est quelquefois à vingt à la fois :

— Garçon, le journal !

— Garçon, l'addition !

— Garçon, j'ai demandé un petit banc pour madame !

— Garçon, un cure-dent !

— Garçon, des cigares !

— Voyons, garçon, ce café !

— Garçon, j'attends ma chartreuse : est-ce qu'on est allé la chercher à Grenoble ?

— Garçon...! garçon...! garçon...! garçon...! garçon...!

Et lui, bondissant, rebondissant, suant, soufflant, souriant, se contournant, se faufilant, zigzagant, se démenant, de répondre à tout et à tous son éternel : — Voilà ! Voilà, monsieur, voilà !

C'est surtout dans les restaurants à prix fixe que le garçon est obligé de déployer des merveilles d'astuce et de diplomatie. La liste des plats du jour annonce régulièrement du chevreuil. Un dîneur arrive dès quatre heures et demie (il y en a encore comme cela).

— Garçon, vous me donnerez un chevreuil.

— Il n'en reste plus.

— Comment ! il n'en reste plus ! personne n'a encore dîné.

Allez donc vous tirer de là sans une ingéniosité spéciale. Le garçon à prix fixe est préparé à tout, il pare toutes les objections, riposte à toutes les plaintes, se faisant le bouclier vivant sur lequel tombe la grêle des rebuffades.

La vérité me force de reconnaître qu'il y a des exceptions à la règle, et que la profession compte des calinos, elle aussi. Témoin celui qui fit un jour cette réponse mémorable :

— Garçon, ce turbot n'est pas frais !

— Pas frais? Par exemple! monsieur! Voilà quatre jours que je sers du même, et personne ne s'est plaint!

Mais c'est là l'exception. La règle est subtilité et prestesse. Voyez plutôt évoluer le garçon de cabinet, quand il sent une proie bonne à plumer. Il ne s'y méprendra pas, allez ! Il devinera d'un coup d'œil si vous êtes en compagnie qui vous permette ou ne vous permette pas de lésiner. Et alors, pour peu qu'il sente que vous ne pouvez résister, il vous offrira les mets les plus extravagants, les primeurs les plus babyloniennes. En vérité, il n'est pas de virtuoses qui excellent mieux à mettre aux gens la vanité sous la gorge. Dame, que voulez-vous, c'est leur revanche à eux. Le public leur en a fait voir de tant de couleurs et les martyrise par tant d'exigences!

Sans compter les mystificateurs qui placent parfois l'infortuné garçon dans des situations...

Vivier, notamment, en a inventé une qui est terrible et irrésistible comme grotesque. Jugez-en :

Vous prenez, au préalable, un morceau de fromage de Gruyère, soigneusement coupé et enveloppé dans du papier, vous entrez pour déjeuner dans un restaurant; le dessert arrive; vous demandez un camembert. Le camembert est apporté par le garçon. Dès qu'il a le dos tourné, vous y substituez le morceau de gruyère que vous aviez dans votre poche; puis, gravement, vous appelez; le garçon s'empresse :

— Garçon !

— Monsieur !

— Ce n'est pas ça.

— Plaît-il ?

— Vous vous êtes trompé.

— Comment ?

— Vous vous êtes trompé : je vous ai demandé un camembert.

— Sans doute, monsieur, et je vous l'ai...

Le garçon, soudain, s'arrête ébahi, en regardant votre assiette d'un air complétement hébété.

Vous, cependant, continuant à garder un sérieux imperturbable :

— Eh bien ! qu'avez-vous à regarder ainsi ?

— Vrai, monsieur, c'est que... il me semblait... je croyais...

— Il vous semblait ; ce n'est pas la question, faites-vous en élevant la voix. Je vous ai demandé du camembert, vous m'apportez du gruyère ; par conséquent...

— Je vois bien, monsieur ; mais seulement...

— Seulement quoi? seulement quoi?

La contestation se prolongeant en s'échauffant, le patron intervient :

— Qu'y a-t-il donc, Joseph?

— Il y a, monsieur, que j'ai demandé à votre garçon un camembert, et qu'il m'a apporté un...

— Comment, Joseph, monsieur vous demande un camembert, et vous apportez...

— Je ne dis pas non; cependant...

— Il n'y a pas de cependant, les preuves sont là... Monsieur n'a pas tiré ce gruyère de sa poche!!!

La scène se prolonge ainsi à volonté, jusqu'à ce que le malheureux garçon soit sur le point de prendre une attaque d'apoplexie foudroyante.

Quand je vous disais que tout n'est pas rose dans le métier !

*
* *

C'est tout un tableau de genre à faire, que celui de la villégiature aux environs de la capitale.

Ils sont là, disséminés tout autour des fortifications, quarante ou cinquante petits centres bons à étudier au microscope : c'est Ville-d'Avray aux maisons juxtaposées, où l'on vit pour ainsi dire à la gamelle, avec quatre échalas pour clôture ; c'est Bellevue l'aristocratique, où toute maison veut prendre l'allure d'un château ; c'est Asnières, le rendez-vous des petites bourses et des gens pressés, qui ont calculé que le voyage ne coûtait que cinq sous et cinq minutes ; c'est Villeneuve-Saint-Georges, cher aux pêcheurs à la ligne ; c'est Choisy-le-Roi, où l'on est rôti par un implacable soleil ; c'est Saint-Maur, c'est Noisy,

6.

c'est Livry, quartiers généraux des terrains à vingt sous le mètre, où des architectes ont créé la confection des maisons, et vous livrent à prix fixe un castel comme la Belle-Jardinière un paletot.

Les cancans, les commérages, les petites intrigues vicinales, qui grouillent partout dans ces fourmillières champêtres, fourniraient à un auteur le sujet d'une comédie à la saveur toute moderne.

Comment le fait se produit-il ? On l'ignore. Mais il se produit, et le pays tout entier sait le lendemain que vous avez eu du monde à dîner, ce que vous avez mangé, de quoi vous avez parlé, qu'un artiste de Paris est venu faire de la musique, etc., etc.

On y sait également, à dix centimes près, ce que vous dépensez par jour ; si vous payez comptant ou si vous faites des dettes ; si votre femme est coquette ; si vos enfants sont mal élevés.

Ce qu'il y a de particulièrement comique dans

ces nichées, c'est le *cant* que prétendent y faire régner les beaux messieurs et les belles dames de Boisdoré de l'endroit. On vous y met, pour aller, dans les bois, des falbalas comme s'il s'agissait d'une visite au faubourg Saint-Germain ; on vous y affuble les mioches de travestissements prétentieux qui continuent *extra muros* les traditions de benoitonage.

Est-ce donc la peine de sortir de la ville pour emporter avec soi tous les ridicules et toutes les vanités auxquels on pourrait au moins faire trêve pendant trois ou quatre mois?

Mais l'acte le plus amusant de la comédie, c'est l'acte de chemin de fer.

Tous les matins, aux trains de huit, neuf et dix heures, tous les soirs, à ceux de cinq et six, la représentation recommence.

Vu la très-sainte égalité inscrite dans nos lois, c'est à qui instituera des catégories et des aristocraties pour rire. Dans la gare, on se forme par groupes. Ceux qui ont voiture ne frayent pas avec ceux qui sont venus à pied. Les villas de 4,000 fr. ne parlent pas aux villas de 2,000 fr. Ne faut-il pas garder ses distances?

Là-dessus, le matin surtout, commencent les conversations du wagon. Elles suivent une marche invariable.

On demande d'abord s'il y a quelque chose de neuf à Paris; quelques mots sur la Bourse; deux ou trois fausses nouvelles pour paraître bien renseigné; un ou deux mots empruntés aux nouvelles à la main de son journal, pour paraître spirituel.

Après quoi, on se rabat sur les cancans locaux :

— Tiens! M. X... ne part pas ce matin, est-ce qu'il a encore eu une scène avec sa femme?

— Avez-vous entendu parler de l'histoire de madame Z...?

— Non; contez-moi donc cela.

— Je ne sais pas bien les détails.

— Dites toujours...

— Dame! on prétend que ce grand monsieur blond à qui elle voulait faire épouser sa fille...

— Celui qui lui donnait toujours le bras dans l'avenue Mélanie?

— Oui; eh bien! au dernier moment, il a demandé des comptes. Il paraît que la maison qu'habite madame Z... n'est pas payée encore, qu'elle doit de tous les côtés. Bref, il paraît qu'il est reparti hier pour les Provinces danubiennes, son pays.

— Ce sera drôle de voir les figures que ces dames feront ce soir.

On passe ensuite aux biens de la terre :

— L'averse d'hier a fait grand bien.

— Oui, mais trop de vent; mes cerises tombent toutes.

— Avez-vous des artichauts chez vous?

— J'en ai récolté huit pour 80 francs.

— Et la pêche?

— Il n'y en a pas cette année.

— Je ne vous parle pas de cela, je vous parle de la pêche dans l'étang.

Quand les biens de la terre et le thermomètre ont fourni leur contingent, on se décide enfin à aborder la politique, et je vous réponds que ce n'est pas ce chapitre-là le moins réjouissant de tous. La réaction pure est représentée d'ordinaire par le maire ou l'adjoint d'une des localités ; le libéralisme frondeur, par un avocat ; l'indifférentisme, par un négociant retiré qui s'ennuie tellement que, pour se distraire, il va tous les soirs acheter le *Petit Journal* à Paris.

Nota. — Il a un abonnement au chemin de fer, sans quoi il aimerait encore mieux s'ennuyer que de dépenser vingt sous.

Mais le tableau de mœurs m'entraînerait trop loin si je le voulais parfaire. J'en ai indiqué sommairement les principales lignes. J'ai signalé aux peintres de bonne volonté une mine à exploiter ; revenons au courant des choses et des hommes de l'actualité.

Il y a quelque temps, un nom oublié reparaissait soudain sur une affiche de théâtre.

Ce nom, c'est celui de Loïsa Puget.

On pourrait, à ce propos, parodier un mot célèbre, et dire : J'en appelle à toutes nos mères. Toutes, en effet, ont chanté ou applaudi les romances de la *compositrice*, qui jouit pendant de si longues années d'une vogue dont l'écho redit encore le retentissement.

Et à ce propos, je songeais aux destinées du genre que Loïsa Puget exploita avec un si grand succès, et je pensais qu'il y aurait un curieux article à écrire sur l'*Histoire de la romance*.

La romance ! Le mot même sonne aujourd'hui à l'oreille sur un timbre démodé. Qui chante la romance en l'an d'opérettes 1869 ?

Personne. Les salons cependant n'eurent pas d'autre récréation pendant plus de quarante années. Pour peu que vous désiriez savoir quelles proportions pouvait prendre cet engouement, je vous apprendrai qu'il y eut des romances tirées à 92,000 exemplaires!... Ce qui impliquait pour l'éditeur un bénéfice net de 40,000 francs, au bas mot.

La romance, cette pauvre délaissée, a le droit de s'enorgueillir de plus d'une célébrité, dont le talent valait mieux, je vous en réponds, que celui de plus d'un musicien à fracas qui pose aujourd'hui pour l'inspiré.

D'abord Romagnesi.

Celui-là était un maître, et un vrai, croyez-le bien. Comme il savait trouver la phrase qui vient du cœur et va droit au cœur! Pas de supercheries, pas de vaines combinaisons algébriques. De la mélodie, encore de la mélodie.

Après Romagnesi, madame Pauline Duchambge. Toute la France chanta un moment :

> Et si je ne suis pas là,
> Mon bouquet du moins y sera!

Après madame Duchambge vint Théodore Labarre, aujourd'hui professeur de harpe au Conservatoire, et jadis chef d'orchestre de l'Opéra-Comique. Labarre est l'auteur de la romance qui a, sans conteste, joui de la popularité la plus universelle. C'est *Jeune fille aux yeux noirs*.

Monpou, cependant, écrivait *Gatibelza*, Monpou, un tempérament hors ligne!

Ce fut ensuite le tour de Massini, un vrai excentrique, un trouvère égaré dans notre siècle de macadam et de spéculation. Massini, c'était la paresse du lazzarone doublée de l'insouciance du philosophe. Pourvu qu'il eût de quoi fumer, c'est à peine s'il s'inquiétait de ce qu'il mangerait ou ne mangerait pas.

Je le vois encore à son piano, rêvant sur le clavier, tandis qu'une douzaine d'oiseaux apprivoisés voltigeaient dans la chambre et, se posant sur ses épaules, sur sa tête, sur ses mains, lui donnaient la réplique dans leur langue.

Massini passa la main à Paul Henrion, à Étienne Arnaud, à Abadie, trinité qui accapara la réussite et enterra définitivement la romance.

Paul Henrion, un prodigue, qui séma sans compter, dans ses bluettes, de quoi enrichir dix opéras-comiques. Paul Henrion, qui compta par douzaines les succès exceptionnels : *La Manola, T'es trop p'tit! la Branche d'amandier, le Bouquet fané*, etc., etc., etc., coururent le monde et les orgues. Arnaud fut le père du *Royal Tambour* ; Abadie, qui exerçait à l'orchestre de l'Odéon (1) les fonctions modestes de piston, nous a laissé *les Feuilles mortes*, une élégie touchante, qui devint à la fin la plus effroyable scie qui ait mis notre patience à l'épreuve.

J'allais oublier Clapisson, dont *les Oiseaux de Notre-dame* furent soupirés par toutes les dames et toutes les demoiselles, ainsi que Grisar, le père de *la Folle*.

Vous voyez que j'avais raison, et que la romance a eu un glorieux état-major.

Si maintenant on se demande pourquoi la romance a passé du Capitole à la roche Tarpéienne, plusieurs réponses peuvent être faites à la question.

La première, c'est qu'elle était de ce monde, où les plus belles choses ont le pire destin. Tout lasse, tout passe, tout casse, et le nouveau est un besoin de la nature humaine. Mais là n'est pas la véritable raison, car la romance pouvait se renouveler dans sa variété même.

Le ridicule des interprètes contribua davantage à démonétiser les roucoulements en *la* bémol. Vous vous les rappelez, ces ténors de salon, ces virtuoses de cinquante-six ans, à cheveux tire-bouchonnés, qui vous sanglotaient, en ouvrant des bouches démesurées, la *Petite fleur des bois*, ou bien : *Où vas-tu, beau nuage ?*

C'était odieux.

Enfin troisième raison, la plus grave peut-être, l'ineptie des paroles finit par écœurer les plus endurcis.

Il faut dire que le métier nourrissait horriblement mal son homme. Bétourné, un des fabricants les plus répandus, était obligé, pour vivre, de fabriquer en même temps des petits peignes d'acier ! Allez donc demander aux gens, dans ces conditions-là, du lyrisme à la Victor Hugo !

Les paroles de romance, toutefois, dépassèrent toutes les bornes.

Un mien ami, pendant quelque temps, eut la patience de collectionner les bourdes les plus monstrueuses du genre. Il avait fini par découvrir des merveilles.

Dans *le Klephte*, par exemple, vous savez *le Klephte* :

> Tu veux devenir ma compagne,
> Jeune Albanaise, au pied léger…

eh bien, dans ce morceau, le héros, après avoir fait à l'héroïne ses offres de tendresse, lui promettait, entre autres plaisirs, de la faire assister à l'abordage d'un brick ennemi, ce à quoi il ajoutait ces vers véritablement mémorables :

> Tu verras galamment comme un Turc s'en empare,
> *Sans jamais écouter d'inutiles discours.*

N'est-ce pas adorable ?

Dans une autre romance, *le Pauvre*, se trouvait ce passage : Un enfant lui fait l'aumône. Le pauvre est ému, et,

> Recommandant son bienfaiteur à Dieu,
> Le bon vieillard essuya son œil bleu !…

Dans *la Jeune fille d'Orléans*, scène dramatique, on voit un père qui apprend que sa fille, une fille du peuple, a déserté le toit paternel pour aller vivre à Paris dans la soie et dans l'or. L'indignation de l'honnête papa ne connaît plus de bornes, et

> *L'infortuné se munit d'une armure,*
> Prend un poignard et se perce le sein.

C'est encore dans la collection de mon ami que je cueillis cette fleur idéale qui a nom *la Provocation*. Dans ce chef-d'œuvre de tous les genres brillent ces quatre vers, que le rival adresse à son rival, pour lui dire qu'un duel est inévitable :

> Près du village, un bois borde la route,
> Vous y viendrez, propice est son terroir,
> Vous y viendrez, car vous savez sans doute
> Que l'un de nous ne doit plus se revoir!!!...

Ne cherchez plus maintenant pourquoi la romance est morte, n'est-ce pas? La cause est entendue.

Et pourtant, ne valait-il pas mieux chanter la romance avec ces naïvetés, que d'écarteler prétentieusement des débris de *Faust* ou de *Mignon,* comme le font à présent les braillards de société.

．
．　．

— Docteur, demandait un jour un malade à son médecin, comment faites-vous pour être si gai, vous qui vivez continuellement au milieu des souffrances?

— Je remercie ainsi le hasard d'en donner ma part aux autres.

Comme vous le voyez, tout est de savoir prendre les choses du bon côté, en ce bas monde.

     *
    * *

Au bilan des excentricités, deux annonces bien curieuses. La première à la devanture d'un chapelier de la rue Montmartre, où on lit : *Chapeaux au plus juste prix et au-dessus.* La seconde, dans un journal de l'Helvétie, offre aux amateurs des leçons de français par un professeur de Lausanne. A quoi l'annonce ajoute cette réclame pyramidale : *Excellent accent suisse.*

     *
    * *

Un jour, Berlioz avait vertement critiqué, sans excéder les bornes, l'œuvre d'un compositeur, oublié depuis longtemps aujourd'hui, mais qui se croyait alors appelé aux plus hautes destinées. Le compositeur, dont l'amour-propre ne calculait rien, crut pouvoir démontrer en tierce et en quarte qu'il avait du talent ; en d'autres termes, il envoya des témoins à Berlioz pour le provoquer.

Les deux témoins arrivèrent, les sourcils froncés et la mine menaçante :

— Monsieur, nous venons de la part de notre ami X... Vous l'avez offensé ; il a le choix des armes.

— Je m'en suis déjà aperçu à sa musique, fit Berlioz en saluant.

On éclata de rire, et l'affaire tomba d'elle-même.

Comme précisément Berlioz racontait, longtemps après, cette aventure, il entama sur les difficultés de la critique une dissertation pleine d'humour qu'il termina ainsi :

— Jouer avec l'amour-propre de ses contemporains! quelle tâche, à une époque où il n'y a pas une grimace qui ne se prenne pour un sourire...

—

Un autre jour, on parlait devant lui des lenteurs lamentables qui arrêtent au début d'infortunés compositeurs et les auteurs novices, et l'on citait l'exemple de Mermet, restant pendant quinze ans sans pouvoir faire représenter son *Roland à Roncevaux*, qui devait avoir un si grand succès.

— C'est bien naturel, fit Berlioz en secouant la tête... Il devait attendre deux fois plus longtemps qu'un autre ; il avait fait le poëme et la partition.

V

En vieillissant on s'instruit.

C'est ainsi que j'ai appris un détail de notre organisation politique qui m'était absolument inconnu. Les journaux, en effet, nous ont révélé, l'autre jour, que les fameux portefeuilles, sans lesquels il n'est pas de ministre complet, ne sont pas une simple expression métaphorique.

Tout nouveau dignitaire reçoit son carré de maroquin, et s'il n'y a rien de changé, hélas!

dans les errements politiques, il y a du moins
— ô France, réjouis-toi! — il y a du moins un
morceau de cuir de plus.

Sur quoi je me suis demandé ce que pouvaient bien devenir les vieux portefeuilles hors
de service. En quel recoin des archives, en
quel grenier mystérieux s'en vont-ils dormir,
ces anciens ustensiles qui furent un moment les
confidents des secrets de l'État?

Où sont les invalides de ces ci-devant grands
de la terre, redevenus simples basanes, comme
s'ils n'avaient pas porté dans leurs plis les reliques de nos seigneurs et maîtres?

Ah! j'avoue que je serais curieux de le visiter, ce Sainte-Périne de la puissance, et j'ajoute
que je rêverais, si j'étais gouvernement, d'instituer une cérémonie qui ne manquerait ni d'utilité ni de pittoresque.

Vous vous rappelez, dans *Hernani*, Charles-Quint descendant dans le tombeau de Charlemagne pour y chercher l'inspiration et le recueillement. Ma cérémonie serait quelque chose d'analogue.

Je voudrais que tout ministre, avant d'être intronisé, fût tenu de rendre une solennelle visite aux mânes des portefeuilles de ses innombrables prédécesseurs.

Représentez-vous la scène.

Dans une sorte de crypte préparée *ad hoc* seraient rangés ces vieux débris dont souvent la splendeur n'a duré qu'une semaine comme dans la chanson. Une lampe funéraire pendue au plafond tamiserait une lumière voilée. Profond silence, complet isolement.

Dans ce milieu convenable à la méditation, le ministre néophyte serait amené, puis enfermé à triple tour pendant deux ou trois heures. Deux ou trois siècles, durant lesquels il aurait le temps de remuer tout un monde de commentaires et de réflexions.

Et d'abord l'aspect seul de ces décadences réunies ne suffirait-il pas à lui inspirer un salutaire sentiment de modestie et de défiance?

— Voilà comme je serai demain, après-demain ou dans un an, se dirait-il avec une mélancolique certitude.

Et peut-être en deviendrait-il aussitôt moins enclin à abuser de ce pouvoir dont il sentirait la fragilité et entreverrait la fin. Mais ce n'est pas tout. De cette impression préliminaire ne tarderaient pas à se dégager mille enseignements variés ; car les portefeuilles dépossédés se changeraient pour ainsi dire en autant de décapités parlants, dont les conseils seraient d'autant plus impératifs qu'ils fourniraient l'exemple à l'appui de la leçon.

Ici un portefeuille d'ancien ministre des finances prêcherait l'économie des deniers publics, le renoncement au chassepotisme et la sainte horreur du déficit.

Là un portefeuille des affaires étrangères démontrerait, par sa propre expérience, aux diplomates que leur science n'est qu'un leurre grassement rétribué et qu'il faudra bien, tôt ou tard, laisser les nations opérer directement elles-mêmes.

Plus loin un portefeuille de ministre de la guerre avouerait toute l'horrible inutilité de ces boucheries humaines qui trop souvent noient le droit dans le sang.

Mais ce sont surtout les portefeuilles en retraite des ministres de l'intérieur passés, qui apporteraient de profitables avis et d'édifiantes exhortations.

Au nouvel élu qui rêverait de grandioses initiatives, le portefeuille de M. de Thorigny dirait :

— Sois humble, mon fils, sois humble ! Moi aussi j'ai été bombardé Excellence. Et cependant cela ne m'empêcha pas d'être, une nuit, invité à déguerpir sans sommation préalable. Que ce souvenir, mon fils, te rappelle combien pèse peu un ministre dans la balance du gouvernement !

Les portefeuilles de M. de Persigny (car il bissa le maroquin) diraient de leur côté :

— Mon fils, méfie-toi. J'ai été grand favori ; j'ai fait les élections générales, j'ai multiplié les excès de zèle, et c'en est fait de ma gloire. Mon titulaire, après avoir brillé au premier rang, s'est éclipsé au second... Mon fils, méfie-toi !

Les confidences du portefeuille de M. de Morny ne manqueraient pas non plus de piquant, ne fût-ce que pour savoir ce qu'il pense de la souscription Baudin, et s'il trouve à ce point exorbitant qu'un des vaincus ait un simple monument, quand le duc, un des vainqueurs, a déjà sa statue.

Et le portefeuille de M. Léon de Malleville qui ne servit que trois jours? Comme le récit des motifs de sa disgrâce promettrait d'être intéressant !

Et les portefeuilles de MM. Guizot et Polignac, entrepreneurs de déchéances sur mesure. Jourdains de la répression faisant de la révolution sans le savoir !

Et le portefeuille de cet excellent M. Pinard, qui, pour être le dernier venu dans les galeries funèbres, ne serait pas le moins utile à consulter !

En vérité, je vous le dis, ce serait une institution féconde que cette *Conférence des trépassés*. En vérité, ce musée des souverains enseignerait plus éloquemment que toutes les tirades le respect du progrès et l'amour de la liberté, en démontrant les périls de la réaction et la vanité des abus de domination en ce monde.

Mais, hélas ! c'est vraisemblablement pour cela qu'on ne lui donnera jamais la parole.

.·.

Cette nuit, j'ai fait un rêve.

Le singulier rêve! l'incroyable rêve, en vérité!

Cela tient sans doute à ce que je m'étais endormi — qu'il me le pardonne! — en lisant un journal dans lequel on annonçait que l'an prochain aurait lieu, sur le Cours-la-Reine, une nouvelle exposition de chiens de toute race et de toute provenance.

Si bien que ces deux idées de chiens et d'exposition me trottant par la tête, il me sembla, dans mon rêve, être transporté soudain dans un vaste local dont les dispositions rappelaient, considérablement agrandies, celles des cages du jardin des Plantes.

Aussi loin que l'œil pouvait s'étendre, on

apercevait une immense rangée de cellules, se profilant sur deux lignes.

Puis, au milieu, un vaste espace laissé vide pour les visiteurs.

Car il y avait évidemment là quelque chose à visiter.

Je m'approchai donc ; mais quelle ne fut pas ma surprise!...

Dans chacune de ces cellules était enfermé un représentant du sexe masculin ou féminin.

Mes semblables parqués comme des animaux!... Que pouvait signifier cette anomalie?

Je promenai mes regards autour de moi. Nouveaux sujets d'ébahissement. Au-dessus de chaque cabane était accrochée une inscription sur laquelle on lisait les mentions les plus bizarres.

Par exemple :

M. DURAND, Parisien, quarante ans. Maître

doux, mais complétement privé d'intelligence.

Madame CANIVET, rentière, cinquante-cinq ans. Maîtresse insupportable à cause de ses manies. Rend ses chiens malades à force de les bourrer de sucre et de les priver d'exercice.

Mademoiselle HERMINIE....

Les autres pancartes à l'avenant.

Pour le coup, je cessai absolument de comprendre.

Ce fut bien autre chose, lorsque je lus sur la porte d'entrée du grand édifice ces mots :

EXPOSITION D'HOMMES

Lorsque enfin je me vis entouré d'une multitude de chiens allant, venant, se promenant, examinant les cabanons, et — dernier degré du fantastique — se communiquant leurs réflexions dans le plus pur français.

Je vous ai prévenus que mon rêve était invraisemblable. Cependant j'avais fini par me familiariser un peu avec ses excentricités.

Bientôt même tout cela me sembla la chose la plus naturelle du monde. Je compris que j'assistais à une exposition que les chiens faisaient de leurs maîtres, et je ne pensai plus qu'à prêter l'oreille aux conversations. — Regardez donc, faisait un king's-charles à un épagneul, la grotesque personne ! — C'est ma maîtresse, intervenait un chien havanais, un des plus vilains produits de la civilisation. Toutes les excentricités lui plaisent, toutes les inutilités la charment, toutes les duplicités l'attirent. J'espère qu'en entendant nos réflexions elle sera corrigée de la manie de se peindre en toutes couleurs. C'est pour cela que je l'ai exposée... Croiriez-vous qu'elle voulait me mêler, moi aussi, à ses teintures et me badigeonner en vert?...

— Ce gros-là, disait un chien dogue, c'est un brave homme dont je fais ce que je veux. Il croit que c'est moi qui lui appartiens ; quelle pitié !...

Un peu plus loin, un groupe de caniches stationnait devant un compartiment.

— Un faux aveugle ! ricanait-on dans la foule. Son chien a joliment bien fait de l'exposer pour punir sa fourberie. Déshonorer notre profession !...

— Vous voyez bien tous ces gens-là, montrait à quelques pas de là un superbe terre-neuve, tous mes obligés... Des ingrats que j'ai tirés de l'eau, et dont pas un ne m'a seulement dit merci. Oh ! la reconnaissance humaine !...

— Je vous dis que je ne peux rien en faire, déclamait un griffon en désignant d'une patte dédaigneuse un jeune homme pâle et maladif. Un fou qui gaspille sa jeunesse et son argent !... Il est entouré de parasites qui le dupent... Moi qui m'en aperçois, je vous mordrais tout cela...

Mais lui me bat quand je grogne seulement!

Plus loin encore s'élevaient mille clameurs confuses.

C'était la section des chasseurs exposés par leurs chiens.

Et il fallait entendre le tohu-bohu de quolibets, de sarcasmes, de rires.

— Regarde-moi ce bourgeois ventru. Il s'imagine chasser!... Il ne sait seulement pas tenir son fusil.

— Et le mien donc? Un bourgeois avare! Croiriez-vous qu'il me promène par vanité sur les boulevards, puis va ensuite acheter à la halle deux malheureux perdreaux.

— Des vantards!

— Des maladroits!

— Des grotesques!...

En ce moment le bruit devint si violent et les hourras si terribles que...

Je me réveillai, me retrouvant dans mon lit et murmurant :

— Il est bien heureux que les chiens ne parlent pas, sans quoi...

Mais, c'est égal, j'ai fait cette nuit un drôle de rêve.

*
* *

Un écho du bal de l'Opéra.

Une paysanne au costume alsacien se promenait dans les couloirs, un petit panier sous le bras.

Passe un gigantesque chicard-benoîton qui, l'interpellant :

— Compris ! madame va au marché !...

*
* *

Il était réservé, à notre époque ahurie et ahurissante, de voir naître la mode des cheveux en bourre de soie. C'est absurde et révoltant, donc cela a chance de réussite. Les devantures de magasins de passementerie en regorgent.

Il s'agit de filets qu'on s'adapte derrière le chignon absent. Sur ces filets sont cousues des frisures en soie châtaine, blonde ou noire. Quelque chose d'écœurant comme la tignasse des figures de cire qu'on montre dans les foires.

Et les femmes ne reculent pas devant ces monstruosités !

Que voulez-vous ! les chevelures postiches ne suffisent plus à la consommation. Malgré un hiver malsain, les hôpitaux ne donnent pas assez.

Quant aux paysannes qui livraient jadis leurs cheveux aux ciseaux du colporteur, elles se sont tenu un raisonnement qui atteste le progrès des lumières dans les campagnes.

— Pour trente sous, se sont-elles dit, nous vendons des charmes avec lesquels des biches de Paris gagneront probablement trente mille livres de rente et un huit-ressorts. C'est un marché de dupes. Faisons mieux. Allons porter nous-mêmes nos cheveux à Paris, avec le visage qui en dépend.

Et elles sont venues en effet. Et elles se sont dégourdies. Et au lieu de négocier leurs boucles onduleuses, elles ont mis à la caisse d'épargne de quoi acquérir celles des autres.

De là la crise capillaire ; de là la création du cheveu de soie.

Incessamment une dame montrant ses nattes pourra dire avec un étrange orgueil.

Vous savez... *C'est du vrai faux !*

*
* *

Un modeste convoi se dirigeait vers le cimetière du Montparnasse.

Derrière le corbillard marchaient quelques

artistes désireux de rendre ce suprême hommage au brave homme qui venait de succomber.

Puis le lendemain, dans les journaux, entre une réclame de la moutarde blanche et l'histoire d'un vol au bonjour, on put lire :

« M. A..., souffleur de l'Odéon, vient de mourir à l'âge de soixante-quatre ans. »

Et ce fut tout. Et chacun pensa à autre chose. Et personne, j'en répondrais, ne songea à ce qu'il y a de labeur, de mélancolies, de souffrances dans l'existence obscure de ce martyr dramatique qu'on appelle un souffleur.

Le souffleur, mais c'est le Juif errant de l'immobilité.

— Souffle ! souffle ! encore ! toujours !

Qu'il pleuve, qu'il neige, qu'il vente, qu'il tonne, il faut que le premier il arrive à son poste, s'installe dans le cabanon qui lui sert de résidence.

Il est là, entre les deux rangées de gaz de la

rampe qui le cuisent à petit feu à l'est et à l'ouest, les cuivres de l'orchestre qui le torturent au nord, les tirades qui le supplicient au sud.

Quelle situation géographique, mon Dieu !

Mais voici que la toile se lève.

Au manuscrit, souffleur, au manuscrit !

Invisible, mais présent, c'est lui qui doit surveiller tout, diriger tout, prévoir tout, sauver tout.

Atlas méconnu et inconnu, il porte sur les épaules tout le monde de la scène.

Les autres ont le droit de manquer de mémoire, il est là pour y suppléer, lui qui n'a pas le droit d'avoir un moment d'oubli.

Les autres ont, dans le cours de la pièce, de longs repos pour reprendre haleine. Lui, tant que le rideau est levé, ne peut se reposer une seule minute.

— Souffle ! souffle ! encore ! toujours !

Comprenez-vous maintenant ? comprenez-vous ?

Être forcé, chaque soir, tant que cela dure, — et cela dure parfois horriblement longtemps, les mélodramatiques déclamations de M. X..., ou les pasquinades du vaudeville de M. Y...

Être obligé, l'été par les beaux soirs illuminés de lune ou d'étoiles, être obligé d'assister, dans l'incommode gîte que vous savez, à la soixantième édition des clameurs dont l'héroïne salue la croix de sa mère.

Terrible, en vérité !

Et il est des cas plus terribles encore :

Celui-ci, par exemple, — le fait est fréquent, — où le souffleur est lui-même un auteur dramatique qui n'a pu percer que les coudes de son paletot. Alors sa douleur est vraiment une épopée.

Car à chaque acte, à chaque phrase, à chaque ligne il entend en lui-même une voix qui murmure avec amertume :

— Tes actes, tes phrases, tes lignes à toi valent cent fois ces pauvretés. Et l'on t'a refusé !

8.

Et au banquet de l'art, infortuné convive, ce sont les autres qui ont pris la place que tu méritais...

Telles sont les épreuves auxquelles chaque soir il est soumis, celui que le public ne voit pas, le souffleur, dont les services obscurs ont droit à l'estime et à la sympathie. Et que serait-ce si, de Paris, je passais à la province!

A Paris encore, les pièces ont la vie dure. Mais dans les théâtres départementaux, il faut sans cesse renouveler l'affiche.

Alors, pour le souffleur, contraint souvent de parler tous les rôles avant les acteurs, la tâche devient écrasante...

Alors...

Mais je ne veux pas vous contrister par de sombres tableaux.

Mieux vaut terminer gaiement par une anecdote prise dans mon sujet.

C'était dans un chef-lieu de canton de mince importance. Une troupe nomade, de passage pour quelques soirs, entamait une série de représentations.

La toile se lève.

Le premier acte commence.

Mais, au bout de quelques minutes, éclate dans la salle un tumulte formidable :

— Assez... c'est intolérable !... Plus bas, le souffleur ! plus bas !...

En effet, le malheureux soufflait avec une voix cuivrée qui dominait celle de tous les acteurs.

La scène continue. Les cris du public redoublent.

La voix cuivrée retentit toujours.

Tant et si bien qu'à la fin le régisseur se décide à paraître.

Et, s'avançant, avec les trois saluts de rigueur :

« Mesdames et messieurs,

» Nous réclamons votre indulgence. Ce n'est

pas notre faute. Notre souffleur est complètement sourd ; il ne s'en aperçoit pas ; mais comme l'administration lui doit six mois d'appointements, elle est en ce moment trop pauvre pour le remplacer. »

*
* *

J'étais allé passer quelques heures chez un vieil ami à moi, qui habite la Bourgogne.

Un vigneron de la bonne souche, ma foi !

Et, après avoir écouté religieusement les détails que le gaillard m'avait donnés sur l'abondance de la récolte et les espérances qu'inspirait sa qualité, j'avais tenu à accomplir jusqu'au bout mes devoirs d'invité !

J'avais donc voulu rendre visite au pressoir,

Déjà l'âme du vin chantait dans la cuvée ;

Déjà on entendait fermenter la mystérieuse puissance de ce breuvage national que les membres du Caveau appellent, en vers, le *Jus de la Treille.*

Frémissement étrange! murmure éloquent! On eût dit une voix qui chantait à l'avance les destinées du précieux et redoutable liquide.

Quels secrets bouillonnaient dans cette cuve frémissante? Combien de grandes et de funestes choses? Quelles passions surexcitées? Quelles fièvres allumées? Quelles forces décuplées?

Questions sans nombre, questions émouvantes que je me posais mentalement en regardant et en écoutant toujours.

Dans un coin, cependant, gisait un vieux tonneau à demi-éventré et couché là, par je ne sais quel hasard ; il montrait par sa large blessure ses parois intérieures que le vin avait rougies.

Celui-là était le passé de l'avenir qui grondait dans la cuve voisine.

Si bien que, — sous l'influence d'une bizarre hallucination, — il me sembla soudain que ce vieux tonneau mêlait sa note à ces grondements et prenait la parole pour répondre par sa propre expérience aux interrogations de ma pensée.

Et commençant sa confession :

— Je fus bien coupable, me dit-il ; oh ! oui, bien coupable ! — et j'ai maudit souvent ma fatale influence. Laisse-moi te faire l'aveu suprême de mes fautes, aujourd'hui que je traîne péniblement les restes d'une existence qui tire à sa fin.

Quand je pense aux heures de ma jeunesse, lorsqu'en sortant des mains du tonnelier, tout battant neuf, frais cerclé, je pris part à ma première vendange !

Alors je voyais tout en rose. Alors je ne connaissais pas le remords. Alors je n'avais pas...

Mon premier crime, il m'en souvient encore, fut commis un dimanche !

Ils étaient deux amis, deux vrais amis, réunis pour fêter joyeusement le jour du repos.

Au dessert ils demandèrent une bouteille, puis deux, du vin que j'avais porté dans mes flancs. Les têtes s'échauffèrent, un mot aigre fut échangé, la querelle s'envenima. Ils se provoquèrent... et le lendemain un des deux amis de la veille avait grièvement blessé l'autre !

Mon second crime... Celui-là était une intelligence d'élite, un bon cœur, un homme de vrai talent.

Mais un chagrin le frappa ; pour oublier il but, et talent, cœur, intelligence sombrèrent dans le même naufrage.

J'ai contribué, avec beaucoup d'autres, hélas ! à cette décadence navrante, et je ne me le pardonnerai jamais.

Mon troisième crime est peut-être plus affreux encore. C'était un ménage modèle ; de braves ouvriers qui travaillaient toute la semaine, pour mieux savourer un repos conquis à la sueur de

leur front. Le père, la mère ét un cher petit !...
Tout cela s'aimant, il fallait voir.

Le vin s'avisa de troubler ce bonheur-là, — et je fus assez lâche pour m'en mêler, assez lâche pour donner à boire au père quand la mère et la fille pleuraient la faim au logis !

Exécrable folie !... J'ai honte de moi quand je me rappelle tout cela...

Le vieux tonneau s'interrompit un instant, puis reprenant :

— Ne crois pourtant pas, reprit-il, que je sois méchant et que je n'aie que de vilaines actions dans mes souvenirs.

Grâce au ciel, si j'ai fait du mal, j'ai fait du bien aussi, — et le plus que j'ai pu.

Par moi, je veux dire par le vin généreux que je contenais, la santé a été rendue au malade qui se soutenait à peine.

J'ai donné au vieillard une seconde jeunesse, en évoquant devant ses yeux ranimés les riantes images d'autrefois.

La main de la charité a versé mon breuvage au pauvre qui grelottait sous la bise, — et il a été réchauffé.

J'ai inspiré l'artiste et le poëte ; j'ai rapproché plus d'un cœur, uni plus d'une pensée.

A maint attristé de la vie, j'ai apporté l'espérance et rendu la gaieté.

Au philosophe découragé, j'ai montré le monde sous des teintes plus riantes, — et il a été rasséréné.

Voilà ce que j'ai fait, voilà ce que je fus. Ma confession est sincère. Que penses-tu de moi?...

Le vieux tonneau s'était tu. La cuve bouillonnait toujours.

Et moi, répondant mentalement à cette confession en même temps qu'à mes propres idées :

— Je pense que la vie est ainsi remplie de contrastes.

— Je pense que le mal y est partout à côté du bien, mais que le bien c'est la Providence

Contraste insuffisant

NF Z 43-120-14

qui l'y a mis, tandis que le mal est œuvre humaine.

Je pense que la faute est à ceux qui du vin, un bienfait, font par l'abus un poison.

Je pense enfin, pauvre vieux tonneau, qu'il doit t'être beaucoup pardonné, parce que tu as un peu aimé !

* * *

On annonce que les huîtres, ces intéressants mollusques, voulant se mettre à la mode du jour, ont haussé formidablement leurs prix sur l'an dernier, où cependant elles étaient déjà loin de donner leurs coquilles.

On parle de deux francs la douzaine, avec réserve pour l'avenir, ce chiffre devant encore être dépassé de beaucoup.

Or çà, j'ai remarqué qu'à tout propos, et souvent hors de propos, on instituait des enquêtes qui, je dois leur rendre cette justice, n'aboutissent presque jamais. Ne serait-ce pas le cas de recourir à ce procédé pour nous édifier une bonne fois sur un problème dont la solution m'échappe ?

Il y a quinze ou seize ans, on ne parlait pas alors de pisciculture, et M. Coste n'était ni inventeur ni inventé ; mais, en revanche, les huîtres se débitaient à raison de douze sous la douzaine, prix fort.

La pisciculture et l'ostréiculture font soudain leur entrée, Dieu sait avec quel concours de trompettes ; on aurait dit que la réclame avait pour la circonstance emprunté celle de Jéricho et celle du jugement dernier. Nous allions, c'était décrété, voir le poisson et les coquillages plus nombreux que les grains de sable ; le pauvre en sa cabane, où le chaume le couvre, allait pouvoir couvrir sa table de turbot et de homard. L'âge de Cocagne !

Quelques années s'écoulèrent, rien.

De sourds grondements commencèrent à se faire entendre, et les mots mystification, artifice, couraient déjà dans l'air. Mais les défenseurs de la science nouvelle avaient leur réponse toute prête.

— Que diable ! un peu de patience, nous dirent-ils, laissons les enfants à leur mère et notre fretin à ses viviers. Il faut bien que nos embryons aient le temps de grandir.

— Comment donc ! avec plaisir, répondit ce bon public.

Mais, depuis lors, le temps a marché terriblement, et voilà que nous en sommes aussi avancés qu'au début. Que dis-je ? à mesure que les élèves de M. Coste et de ses émules devaient repeupler nos marchés, la marée devenait plus rare et plus coûteuse, si bien que nous sommes arrivés à des taux ridicules, qui rendent impossible la consommation.

Qui trompe-t-on ici ?

Qu'on ne m'objecte pas que ces renchérissemonts proviennent d'un plus grand nombre de demandes, c'est absolument contraire à la vérité. En ce qui concerne les huîtres, notamment, les consommateurs, depuis qu'on les négocie au poids de l'or, ont eu le bon sens de faire grève, et l'on n'en débite pas aujourd'hui la vingtième partie de ce qu'on en débitait autrefois. Alors, pourquoi nous a-t-on bernés avec les prétendus miracles des multiplicateurs?

Nous demandons une enquête; nous la demandons derechef. C'est une question d'intérêt public.

VI

Plaignez-moi ! plaignez-moi !

Ma main tremble ! ma tête se trouble.

Car j'ai commis une abominable action : j'ai tué ce matin mon ami le plus dévoué...

C'était pourtant un ami comme on en voit rarement, un modèle de loyauté, de sincérité et de franchise.

Trop de franchise peut-être, puisque c'est là ce qui a été cause de la fatale catastrophe.

Les hommes, en général, aiment à être flattés, et je suis homme, hélas !

Aussi n'était-ce qu'avec peine que j'entendais parfois le langage de la vérité que me parlait l'ami dont j'ai causé la fin !

Pauvre ami !

Lui qui, je puis bien le dire, ne vivait que pour moi !

Tout ce que je ressentais se reflétait en lui. Il surprenait au vol mes moindres sensations. Il avait de sages avis pour toutes mes fautes.

Avais-je passé la nuit en soirée ?

Il le devinait tout de suite ; — mais là, tout de suite.

Et je crois encore l'entendre me dire :

— Nous avons ce matin les yeux fatigués, le teint pâle. Nous avons veillé plus que de raison.

Pourquoi ?... Pour sauter le cotillon jusqu'au jour ou jouer à la bouillotte !...

Niais !

Tu seras bien avancé quand tu te seras ruiné à la fois le tempérament et la bourse !

Fais-moi donc le plaisir de dormir tout à ton aise, sans souci des entrechats et des cartes.

Ce ne sont pas de semblables sottises qui font le bonheur.

Avais-je cédé au péché de gourmandise dans quelque dîner joyeux ? Je n'avais, parbleu, pas besoin de l'en prévenir.

Tout aussitôt, lui, lisant sur mon visage :

— Oui, c'est cela !

Aïe ! la migraine ! Ouf ! l'estomac !

Monsieur souffre ce matin. Hier, c'était autre chose.

On trinquait à la félicité perpétuelle, comme si la perpétuité n'avait pas de lendemain. On vidait les bouteilles à casques vert, jaune et rouge, sans s'apercevoir que, sous prétexte de vins fins, c'était le restaurateur qui nous en faisait voir de toutes les couleurs.

De la tisane aujourd'hui, et de la diète pour expier les plaisirs et les bordeaux frelatés...

Me livrais-je à une coquetterie intempestive?

— Comment! s'écriait-il aussitôt, tu vas oser sortir avec ce paletot-là!

Tu vas promener sur ton dos cette gravure de mode!

Mais tu es laid, laid, laid! et guindé! et ridicule! Et...

La litanie n'en finissait pas : mais c'était pour mon bien ; car toujours il avait raison dans ses reproches, l'ami que je regrette, l'ami sur lequel je me suis porté à l'excès le plus coupable et le plus funeste...

Comment la chose se fit? Mon Dieu, je ne m'en souviens plus bien moi-même, tant mes idées sont confuses et bouleversées.

Je sais seulement... oui, c'est bien cela. Je sais que je me préparais à sortir pour rendre visite à la veuve la plus charmante, la plus ravissante, la plus...

Il était là, me regardant faire.

Quand tout à coup m'interpellant à son ordinaire :

— Je te conseille de faire le damoiseau, à ton âge !...

— Plaît-il?

— Eh ! oui, à ton âge. Ne t'aperçois-tu pas que tu n'as plus vingt ans? que tu vieillis, enfin?

— Que je vieillis, moi !

— Vois plutôt ce cheveu blanc, là, à gauche, sur ta tempe.

— Ce n'est pas vrai.

— Comment, ce n'est pas vrai ! Tu veux rire !... Il y en a même deux... Ah ! ah ! ah !... monsieur le joli cœur... Deux cheveux blancs, mon Amadis ! deux cheveux blancs ? Que dis-je ? trois !...

Pour le coup, c'en était trop. Ma patience était à bout.

Je me lançai furieux, les poings crispés, sur l'insolent.

Lui essaya, me voyant si courroucé, de glisser entre mes mains. Mais déjà je l'avais saisi vigoureusement. Je le serrais à le broyer.

Je le secouais avec rage.

Puis, emporté par la colère, je le soulevai, le lançai avec force contre la muraille, où il tomba si malheureusement que c'en fut fait de lui.

Je me penchai pour le relever. Tout était fini, hélas !

A ce souvenir, ma main recommence à trembler, ma tête à se troubler.

Plaignez-moi, plaignez-moi, j'ai tué mon ami le plus dévoué… J'ai brisé le miroir devant lequel je me faisais la barbe !

VII

On constate l'apparition dans les salons d'un jeu nouveau, auquel a donné naissance la mode de dictionnarisme qui s'est emparée de la presse parisienne. Ce jeu s'appelle le *jeu des défini-tions*.

On pose à une personne une question, et il faut, sous peine de gage, qu'elle y réponde instantanément.

De ces cliquetis d'interrogations jaillissent

souvent des répliques spirituelles ; celle-ci, par exemple, que j'ai recueillie hier :

— Qu'est-ce que la fidélité ?

— Une vertu dont le deuil se porte en jaune.

Un de nos députés libéraux, renommé pour la vivacité de son esprit, tire au sort cette question :

— Qu'est-ce qu'un réactionnaire ?

Et de répondre aussitôt :

— C'est un individu qui s'imagine que le mot *ornière* dérive du verbe *orner*.

C'est dans la même soirée qu'il fut question d'un écrivain dont la plume passe pour subir volontiers l'influence du capital.

L'écrivain susdit, après avoir commencé par une campagne dans le camp conservateur et continué par une campagne dans le camp libéral, est en train de rentrer dans le giron officieux.

Ce dont un assistant, qui appartient au monde

gouvernemental, semblait fort se réjouir en s'écriant à haute voix :

— Enfin, il nous revient...

— A combien? lui demanda le député dont nous avons déjà parlé plus haut.

⁂

J'étais entré pour faire une emplette dans un de ces immenses caravansérails qu'on appelle des magasins de nouveautés.

Et, après de longs circuits à travers les dédales de la localité, j'avais fini par arriver au comptoir qui m'avait été désigné.

Mais trois femmes m'y avaient précédé : l'une jeune, l'autre d'âge moyen, la dernière penchant déjà vers le déclin de la vieillesse.

Le commis, cependant, en voyant ce concours

de clientes, était arrivé empressé et le sourire aux lèvres.

Puis, passant à la question de rigueur en pareil cas :

— Que faut-il à ces dames ?

— De la toile, répondirent en même temps et comme d'une seule voix les trois inconnues.

Et la première s'avançant avec une joyeuse pétulance :

— Monsieur, quelque chose de pas trop cher, c'est pour me faire un costume de Pierrot pour aller à Valentino.

Avec des bribes, des rubans par-ci par-là, ce sera charmant, n'est-il pas vrai ?

D'ailleurs, on a du goût ou on n'en a pas...

Combien croyez-vous qu'il m'en faille ?...

— Six mètres !...

— C'est un peu beaucoup pour ma modeste bourse.

Mais on ne s'amuse pas tous les jours, et le carnaval ne revient pas si souvent.

D'ailleurs, pour la dernière fois que je vais au bal masqué, je peux bien faire un petit sacrifice...

Donnez-moi les six mètres... N'est-ce pas, des rubans roses, ce sera plus gai que des rubans bleus?... Mais je bavarde, et je n'aurai plus le temps de tailler mon costume...

Car c'est moi qui le taille... et qui le couds aussi... Décidément, je crois que des rubans bleus... enfin, j'essayerai les deux !

Et la fillette s'éloigna en sautillant comme un oiseau.

La seconde cliente prit à son tour la parole, et d'une voix douce :

— Monsieur, quelque chose de bien fin. C'est pour une layette, — et il ne faudrait pas que cela meurtrît le pauvre petit corps du bébé.

Combien croyez-vous qu'il m'en faille?... Six mètres. Donnez, monsieur.

Il me tarde de me mettre à l'œuvre... Ne craignez-vous pas que cette étoffe-là ne soit trop rude pour les membres délicats d'un enfant?

Je ne sais pas, moi, car c'est une faveur que le ciel m'avait refusée jusqu'ici.

Aussi vous comprenez... j'aimerais mieux y mettre plus cher, quitte à me priver sur autre chose. C'est qu'il aura l'air d'un petit roi dans cette belle toile blanche...

Cher mignon !... Je crois le voir déjà... Mais madame attend et je vous empêche de la servir... Vous me répondez que ce sera assez fin ?...

La seconde inconnue s'éloigna à son tour. Il ne restait plus que la troisième, qui, gravement, s'avança.

Quand elle releva son voile, on vit de grosses larmes tomber de ses yeux.

— Monsieur, c'est pour faire un linceul à mon pauvre mari qui vient de mourir.

C'est son luxe dernier.

Il tenait à être enseveli dans de la toile bien blanche et bien neuve. Combien croyez-vous qu'il en... Six mètres toujours ! Autant pour la mort que pour la vie ; autant pour qui part que pour qui arrive ; autant pour la douleur que pour le plaisir.

Donnez, monsieur... Bravo cher homme !... Nous ne sommes pas riches, mais si tout ce qui me reste pouvait seulement me le rendre pour une heure...

Les pleurs empêchèrent la pauvre femme de continuer, et ce fut en sanglotant qu'elle s'éloigna.

Et moi je sortis derrière elle ; car, troublé et remué par ce que je venais d'entendre et de voir, je ne me rappelais même plus pourquoi j'étais entré.

* *

La comédie de société n'est plus. La preuve, c'est que les chroniques de *high life* ont commencé à raconter par le menu les raouts qui se panachent de dialogues : truffes et marivaudage ! foie gras et proverbes ! Musset et Chevet juliennes !

La plupart du temps (complication lamentable) ces élucubrations à la sauce mayonnaise sont dues à la plume du maître ou de la maîtresse de la maison... A moins que ce ne soit à la plume d'un petit cousin, d'un filleul ou d'une nièce bas-bleu.

Vous suivez, inoffensif et paisible, une rue quelconque ou un côté du boulevard. Une voix vous hèle, en même temps qu'une main s'agite à la portière d'une voiture.

— Monsieur X...!

Voix et mains appartiennent à une baronne qui *a un salon.*

— Cher monsieur... j'allais vous écrire... Vous savez, mon neveu Paul... celui qui se destinait d'abord au notariat... Il a changé de vocation, il écrit pour le théâtre... oui, il a composé un proverbe intitulé : *Tant va la cruche...* c'est charmant... On en aura la primeur chez moi le vendredi 8... Vous y viendrez... Et vous ne me refuserez pas quelques lignes dans un journal... pour appeler l'attention de la Comédie-Française sur Adolphe. Comment se dérober à ce supplice impitoyable ? On est si faible en face des corvées mondaines.

Si bien que vous assistez au proverbe d'Adolphe, et que, le lendemain, vous déclarez que la France compte un homme de génie de plus.

Il le fallait !

Au moment de prendre la plume, un duel s'est engagé entre votre conscience et votre estomac.

— Cette pièce était inepte.

— Oui, mais le chaud-froid de volaille était si bon !

— Rappelle-toi ces deux vers faux qui...

— Pense à ces écrevisses bordelaises...

Horrible ! horrible !

Fiorentino, un jour qu'il avait été pris dans un de ces traquenards, eut un mot fort subtil.

La maîtresse de la maison s'approche.

— Eh bien ! monsieur Fiorentino, comment trouvez-vous la pièce que nous venons de jouer ?

— Est-ce comme critique, madame, que vous me demandez mon avis, ou comme invité ?...

*
* *

Est-ce une mode nouvelle qui pointe à l'horizon ?

Aux dernières courses du bois de Boulogne, un rassemblement nombreux s'était formé autour d'une voiture. Du rassemblement partaient des éclats de rire bruyants, des quolibets, des hourras.

J'approchai.

Au centre du groupe, qui allait toujours grossissant, était une victoria dans laquelle se tenait une dame. Sur le siége du véhicule, un nègre de la nuance la plus ébénisée. Jusque-là rien d'extraordinaire, et je me demandais comment et pourquoi mes estimables concitoyens éprouvaient le besoin de s'agglomérer avec de telles manifestations d'hilarité autour d'un enfant du désert.

En y regardant de plus près, cependant, il me sembla... Ce n'était parbleu pas une illusion, ainsi que me le démontrèrent les sarcasmes qui continuaient à pleuvoir à verse. Le nègre était faux teint !

La chaleur avait commencé à creuser sur ses joues noircies deux longs sillons qui devenaient de plus en plus roses, tandis que sur ses lèvres le cirage avait risqué des envahissements à la prussienne.

Et le chœur de reprendre de plus belle :

— Va donc te laver.

— C'est du vernis.

— Manges-tu des poulets crus ?

— Je le reconnais, je l'ai vu à la foire de Saint-Cloud.

M. Prudhomme, qui passait par là, ajouta en manière d'apophthegme :

— Je souffre à voir ravaler ainsi la dignité humaine jusqu'à falsifier une couleur qu'on tient de ses pères.

Ainsi donc, le maquillage vient de pousser une branche nouvelle. C'était déjà comme un bouquet de fleurs, mais la rose noire manquait à ce bouquet-là. En cette année de cosmopolitisme universel, les petites dames vont, je le crains bien, être entraînées fatalement à suivre l'exemple qui leur est donné.

Tout ce qu'il y avait de disponible sur la place, en fait de peaux jaunes, dorées, cuivrées, bronzées, a été loué par les divers pavillons turcs, mauresques, chinois, tunisiens du Champ-de-Mars. Où trouver des nègres ? Sous le rapport du travail et de la peine, beaucoup de blancs seraient aptes à jouer ce rôle ; mais en matière de nuance, c'est différent.

Le nègre manquant, il a bien fallu appeler l'art à la rescousse. La chimie est prévenue, voilà un problème à résoudre. Je ne doute pas qu'elle n'en vienne à bout.

Très-incessamment, nous verrons s'étaler sur les murailles des affiches colossales, où on lira :

CHROMO-NÉGROPHANE

SICCATIF BRILLANT ET INDÉLÉBILE

Pour cochers et valets de pied.

Les annonces ne tarderont pas à entonner les louanges des compositions variées qui permettront aux nègres postiches de braver les ardeurs du soleil.

— *Ni écaillement, ni décoloration !!!* diront le gros et le petit texte.

Après quoi viendront les attestations en due forme d'après le procédé *Moutardo-Revalescière* :

« Je soussignée, Laura de las Bilboquetas, demeurant à Paris, rue de Navarin, 112, au second, la porte en face, certifie que j'ai fait usage pendant un an, pour mon groom Eugène Plumassot, surnommé Chactas, de l'enduit Bonichon à base de noir de fumée mêlé de cire vierge. Les résultats que j'ai obtenus ont été merveilleux : telle est la solidité de cet enduit, qu'il permettait à mon groom de porter pendant quinze jours la même cravate blanche.

» En foi de quoi... »

Ce n'est pas tout. L'art étant quelque peu dans le marasme et la photographie périclitant, il n'y a pas de raison pour qu'un certain nombre de déclassés ne se jettent pas avec vivacité sur ce débouché nouveau.

Cela serait d'un assez joli effet sur une carte de visite :

« *X...., peintre en domestiques.* Spécialité pour la véritable couleur abyssinienne. Dix ans d'expérience et trois voyages en Afrique. »

C'est fort gai assurément, mais c'est plus triste encore. Nous vivons dans une ère de parodie universelle où les sophistications ne se comptent plus. Nous vivons dans une ère d'ambitions effrénées où, quand on ne peut se donner la réalité du luxe, on s'en donne au moins le ridicule. Ces laquais à l'encaustique sont un signe du temps.

Ce qui fait qu'après avoir commencé comme tout le monde par un éclat de rire, dimanche, à Longchamps, je me suis arrêté net.

*
* *

Lorsque parut au *Moniteur* une lettre de l'Empereur, invitant M. le préfet de la Seine à faire en sorte que les bâtiments de l'Hôtel-Dieu fussent terminés en même temps que les constructions du nouvel Opéra, un musicien-philosophe murmura : — De cette façon du moins, si le second de ces établissements continue à nous fermer ses portes, le premier sera là pour nous ouvrir les siennes !...

Je me rappelais involontairement ces paroles en trouvant un échantillon de statistique duquel il résulte que les héritiers de Meyerbeer n'ont, pour les cent premières représentations de l'*Africaine*, touché que vingt-cinq mille francs, tandis que les hôpitaux, en vertu du *droit des pauvres*, en touchaient *à peu près le triple*.

Il serait temps pourtant d'en finir avec cet impôt vexatoire qui condamne les infortunés directeurs aux bienfaits forcés à perpétuité et frustre les auteurs d'une part de leur gain légitime.

Sans nul doute, la charité est une estimable vertu : mais s'il faut de cette vertu-là, comme de toutes les autres pas trop n'en faut. Tout le monde n'a pas la fortune de Meyerbeer. Artistes et écrivains vivent, pour la plupart, de leur talent, quand ils n'en meurent pas. Encore convient-il de ne pas ajouter aux obstacles qui encombrent la route.

Prenez un travailleur de cette mer féconde en orages et écueils qu'on appelle la littérature. Pendant de longues années, il a dû subir les rebuffades des uns, les indifférences des autres. Il a connu souvent le froid, la faim, les angoisses de la mansarde, les découragements du noviciat indéfiniment prolongé ! Enfin, il touche au but. Par un miracle quelconque, il arrive à faire recevoir une pièce dans un théâtre hospitalier. Sur cette pièce il compte légitimement pour conjurer les démons de la misère. Les créanciers attendent impitoyables et ardents. Ah! celui-là est vraiment un pauvre et l'un des plus dignes d'intérêt qu'on puisse rencontrer!

Mais, à l'heure solennelle de la récompense due à ses efforts, alors qu'il étend les mains pour recevoir les premiers écus que lui aura valus son labeur obstiné, un autre bras s'interpose; d'autres pauvres, organisés pour ainsi dire en corporation, et formant en quelque sorte un être de raison, s'avancent disant au caissier :

— Ne payez pas !... Part à deux !

Que dis-je? part à deux !... Part à trois! car le directeur est naturellement là, lui aussi. Il y est avec son lot d'épreuves à subir, d'aventures à courir, de revers à supporter. N'importe! Le droit des pauvres officiels passe avant tout et avant tous.

Si du moins ce droit draconien on ne le prélevait qu'aux jours de succès ! Mais non ! Quelle que soit la recette, il faut solder et se taire sans murmurer. De telle sorte qu'on voit se produire, à tout instant, des anomalies révoltantes.

Il arrivera, par exemple, qu'un théâtre, dont les frais quotidiens s'élèvent à quinze cents francs fasse cinq cents francs de recette. C'est une perte sèche de mille francs. Le fisc de la charité n'en viendra pas moins réclamer sa part tout entière sans restriction ni atténuation. Le malheureux directeur, peut-être à la veille de la faillite, sera obligé de faire des largesses, alors qu'il aurait envie de s'écrier :

— La pauvreté la plus à plaindre dans l'affaire c'est la mienne ! Grâce pour mes misérables écus que vous rognez sans miséricorde !

Iriez-vous demander à tout autre commerçant sur le penchant de la banqueroute, de prendre de force seulement un billet de vingt-cinq centimes pour une loterie au profit des indigents ? Non assurément. Pourquoi donc les théâtres qui, depuis la liberté surtout, sont un commerce comme tous les autres, restent-ils sur ce point en dehors de la loi commune? Pourquoi fouiller dans la caisse de celui-là?

A toutes ces questions, il n'y a pas une seule réponse raisonnable à faire. L'usage!... La tradition!... Les beaux motifs en vérité! De ce qu'un abus a vécu dix, vingt, trente ans, s'ensuit-il qu'il doive vivre éternellement?... *Delenda Carthago...* Le droit des pauvres n'est pas un droit. A force de le redire, on finira, il faut bien l'espérer, par le faire croire.

*
* *

Elle est vraiment amusante la petite comédie intime qui s'est jouée autour du voyage à l'isthme de Suez.

Trois mois avant, quand il fut question de l'inauguration solennelle, ce fut une véritable épidémie de convoitise ; tout le monde sollicitait la faveur d'une invitation. Il y a six semaines, quelques-uns lâchaient déjà pied, prétextant telle ou telle raison. Mais à mesure que les journaux enregistraient la prophétie des météorologistes qui annonçaient pour les mois d'octobre et de novembre des séries de tempêtes exceptionnelles, on vit fondre à vue d'œil le bataillon des inaugurateurs.

Du reste, tout en rendant hommage aux bonnes intention de la compagnie, je ne me sens pas le courage d'en vouloir à ceux qui ne se sont pas senti de goût pour les joies omnibus. Je ne m'imagine pas, par exemple, la contemplation des Pyramides savourée à la gamelle. Ce qu'il y a d'imposant dans un tel spectacle, ce sont les réflexions qu'il évoque. Souvenirs et réflexions sont également impossibles quand on marche par attroupement.

Je me rappelle une descente que je fis dans les Catacombes.

A coup sûr, le lieu ne paraît pas fait pour la jovialité, et ces rangées d'ossements n'ont rien qui provoque le fou rire. Au bout de dix minutes de promenade, pourtant, les excursionnistes souterrains en étaient arrivés à des paroxysmes d'hilarité impossibles à prévoir.

A un certain moment, nous atteignîmes un rond-point au milieu duquel s'élevait une pile quadrangulaire de tibias et de crânes.

— Tiens! le buffet! exclama un loustic de la bande, en montrant cet autel sépulcral.

A plus forte raison en sera-t-il de même là-bas. On fera des calembours au seuil du désert, et les monuments des Pharaons entendront chanter : *Bu qui s'avance*, ou la valse du *Petit Faust*.

Ce n'est point ainsi que je me représente un voyage dans ces contrées si riches de passé, si riches aussi d'avenir aujourd'hui, grâce au canal qu'on va consacrer.

L'enrégimentation, en voyage surtout, revêt la forme de la plus odieuse des tyrannies. Vous avez envie de tourner à droite, le programme vous contraint de tourner à gauche. Vous voudriez vous arrêter pour vous recueillir, le programme vous entraîne tambour battant. Une autre fois, il vous plairait de vous reposer vingt-quatre heures durant, le programme vous tire en bas du lit et vous crie : « Marche ! marche ! »

Il faut abdiquer le libre arbitre de son cerveau, de son estomac, de ses jambes, de ses yeux.

Les Anglais sont incroyables pour ce genre d'exercice. En 1867, un organisateur de trains de plaisir avait, à Londres, rédigé un itinéraire ; l'emploi de chaque minute était prévu. On y voyait entre autres cette mention gigantesque :

— Le mardi, 18, à midi, visite au musée du Louvre. — Les premières classes commenceront à admirer par la droite, pour finir par la gauche.

J'entends, moi, être libre d'admirer par le côté qui me convient, et au besoin, de ne pas admirer du tout.

※

Nous estimons qu'il serait grandement temps de procéder à d'importantes réformes dans le répertoire de la place publique.

Que vous semblerait, par exemple, d'un monsieur, qui ayant du monde à dîner, mettrait à nu tout exprès, pour ce jour-là, un cancer qu'il aurait à la jambe, et recevrait ses invités, en exhibant avec coquetterie cette écœurante difformité ?

Telle est la ville de Paris aux heures des solennités joyeuses.

Durant le reste des douze mois dont l'année se compose, les agents de l'autorité poursuivent avec une infatigable ardeur la mendicité qui, ainsi que l'attestent des plaques gros-bleu, est interdites dans le département de la Seine.

Mais arrive la date consacrée et toutes les prohibitions tombent.

Aussitôt la cour des Miracles ressuscite avec son cortége d'abominations et de désolations : les manchots viennent mettre leur moignon sous le nez des passants ; les aveugles poussent la clarinette jusqu'à la férocité et soufflent de façon à se faire prendre pour des sourds, les bossus exécutent avec leur épine dorsale des variations paganiniques ; les bancals s'unissent aux goitreux pour psalmodier des duos funèbres ; les culs-de-jatte traînent dans des boîtes de bois blanc leurs torses auxquels la nature a oublié de donner une suite au prochain numéro.

C'est hideux, c'est révoltant, c'est absurde.

Comment ! on vient nous dire :

— Soyez gais ! très-gais ! tout ce qu'il y a de plus gai ! car on va vous exhiber ce que les sous-sols de la misère publique recèlent de souffrances, d'horreurs et de difformités.

Cela rappelle ce naïf qui, disait-il, faisait tous les jours, avant son dîner, une petite promenade à la Morgue *pour s'ouvrir l'appétit!*

Je ne sais si je regarde les choses à travers un télescope extravagant, mais il me semble que c'est tout juste le contraire qui devrait avoir lieu.

Bien loin de pousser au grand jour les laideurs et les tristesses humaines, on devrait, pour vingt-quatre heures, chercher à faire oublier que tristesse et laideur existent.

Serait-il donc d'ailleurs bien difficile d'empêcher cette exploitation exceptionnelle?

Rien de plus simple que d'avoir la liste des virtuoses de l'infirmité.

Combien chacun d'eux peut-il récolter à peu près par la journée? Tant. Eh bien! qu'on lui porte, le matin, cette somme à domicile, sous la condition expresse qu'il ne se produira pas en public.

Si la France est assez riche pour payer sa

gloire, elle doit l'être aussi assez pour s'offrir une fois par hasard une félicité que ne troublent pas des spectacles qui sont du domaine, non du théâtre, mais de l'amphithéâtre.

Autre observation que je crois également fondée.

Tous les ans, à la suite du 15 août, les chroniques plus ou moins bien renseignées chantent les charmes d'un certain bal, intutilé ; *Bal Morel*, où, au dire des historiographes spéciaux, les célébrités du monde galant se donnent exceptionnellement rendez-vous.

Palsambleu ! Ventrebleu ! c'est du dernier raffiné.

Figurez-vous...

Peste ! où prennent leur esprit toutes ces gentillesses ? Figurez-vous que la petite Carmen de Saint-Aluminas (née Badouillard), la grande Albertine, vicomtesse de Mont-Breda, la grosse Dolorès, marquise espagnole de Puteaux (Seine), toutes princesses des boudoirs interlopes, vont encore là débiter la tirade racinienne :

Que ces vains ornements, que ces voiles me pèsent !

Là-dessus on laisse au vestiaire les diamants payés par le baron, les kilogrammes de faux cheveux, les soieries insolentes, les *traînes* sans vergogne.

On dirait que ces dames viennent là célébrer le bout de l'an de leur innocence. Une robe légère, d'une entière blancheur, dans les douze sous le mètre, un petit châle imprimé et un bonnet voilà le déguisement parachevé.

Eh bien ! ce déguisement-là ressemble fort, si je ne m'abuse, à une méchante action.

D'abord, parce que le bonnet est la coiffure du travail et que n'a pas le droit de le porter qui veut.

Ensuite, parce qu'il existe en ce monde une foule de contagions en dehors de celle qu'a décrite Émile Augier.

Je me rappelle ce qu'ils étaient, il y a une

quinzaine d'années, ces bals sous la tente.

Aux sons d'un orchestre tiré à quatre instruments, sautillaient là-dedans des fillettes gentilles comme tout.

Les mamans devisaient sur les bancs de bois qui entouraient la salle. Cela se passait en famille, entre le labour de la veille et le labour du lendemain.

Mais les transfuges des collines cythéréennes sont venues se mêler à ces sauteries bon enfant.

Les fillettes ont ouvert de grands yeux en voyant ces inconnues fardées de tant de rouge et de tant de blanc. On a chuchoté :

— Quelles sont-elles?... D'où viennent-elles?... De quel atelier sortent-elles?...

— D'aucun.

— Comment d'aucun?...

Étonnement naïf!

Sur quoi, une plus experte a expliqué aux autres que c'étaient des dames qui gagnaient gros à ne rien faire.

Et puis... Et puis...

Je n'ai, pardieu! pas besoin de vous expliquer le reste. Vous comprenez maintenant pourquoi j'aime peu les côte-à-côte en question.

Que les reines dont Vénus fait cascader la vertu, une fois montées sur le faîte, aspirent à descendre, cela se conçoit, puisque c'est classique.

Mais n'est-il pas dommage qu'en descendant elles aient mis le pied sur le peu de candeurs qui nous restaient ?

*
* *

Le duel continue à être à l'ordre du jour. Un de ces matins, une rencontre au pistolet avait lieu à l'occasion d'une contestation toute privée entre deux jeunes gens, dont l'un n'a commencé à se faire connaître que par deux ou trois insuccès dramatiques. Ce fut précisément à celui-ci que la balle de son adversaire enleva un brin de moustache.

— Allons ! fit-il impassible, il paraît décidément qu'à toutes mes premières j'entendrai siffler.

*
* *

On a vu défiler devant les tribunaux des spécialités bien étranges, mais je crois qu'il n'en est aucune qui puisse soutenir la concurrence contre celle qui s'est révélée, l'autre jour, devant la police correctionnelle. Le président interroge un vagabond :

— Vous n'avez donc pas de profession, qu'on vous a ramassé sur la voie publique?

— Non, monsieur, pas l'hiver, je suis en morte-saison.

— Que faites-vous l'été ?

— Je suis velouteur de pêches.

Et le gaillard d'expliquer au tribunal comment il fait pour donner aux pêches de plein vent un incarnat factice à l'aide d'un procédé dont il indique la recette au tribunal.

O progrès !

*
* *

— Toi !
— Toi !
— Moi !
— Moi !

Et nous échangeâmes une vigoureuse poignée de main avec Dulcinet, un camarade de collége que le sort me faisait retrouver *ex abrupto*.

Puis entamant, comme de raison, le chapitre des interrogations :

— Ce pauvre Dulcinet ! j'ai souvent pensé à toi, va !

— Vraiment ?

— Ma parole ! Et comment as-tu mené l'existence depuis que les hasards du hasard nous ont séparés ?

— Mal, mon ami, horriblement mal. Tout conspire contre moi. Tout ! tout !...

— Excepté la maladie, parbleu ! interrompis-je en souriant, car tu as une mine...

— Une mine !... quelle mine ? exclama Dulcinet en bondissant... te voilà comme tout le monde. Ma santé par-ci, mon excellente constitution par-là ! Mais je passe ma vie à la maudire, ma santé ! mes jours à la blasphémer, mon excellente constitution !

— Par exemple !...

— Quoi ! par exemple ? cria Dulcinet de plus en plus exaspéré sans qu'il me fût possible d'en deviner la cause. Quoi ! par exemple ? Tu es encore de l'école des gens qui jugent sur l'apparence, et tu te figures qu'un robuste tempérament est une garantie de félicité !

— Un élément, du moins, insinuai-je timidement.

— Un élément de malheur, oui. Un élément de déveine perpétuelle... Être malingre, quel rêve !... Mais je donnerais tout ce qu'on voudrait pour n'avoir que la peau sur les os, comme Eusèbe Dulcinet mon cousin. Tu te souviens d'Eusèbe, qui était au collége avec nous ?

— Pauvre garçon ! Si je m'en souviens !... Il ne doit pas être allé loin. A quel âge as-tu eu la douleur de le perdre ?

— Pas allé loin !... La douleur de le perdre !... Plaisantes-tu ? Eusèbe est vivant, tout ce qu'il y a de plus vivant, et, grâce à sa nature souffreteuse, tout lui a réussi ; tandis que moi...

— Je ne te comprends pas.

— C'est bien facile à t'expliquer. Nous sortons du collége et nous passons notre baccalauréat le même jour ; moi le premier. Je fais une erreur de date. L'examinateur me regarde d'un air courroucé, et chuchote à son collègue : « Un gaillard comme cela, aussi ignorant... il a besoin de travailler pour maigrir un peu... » Et crac, je suis refusé...

Eusèbe, au contraire, vient après moi, pâle, intéressant, semblant se soutenir à peine. Le professeur l'examine avec une émotion mal déguisée, et dit tout bas à son voisin :

— Pauvre jeune homme ! il s'en va !... Puis tout haut :

— Mon ami, remettez-vous. Nous comprenons qu'un long examen vous fatiguerait. Seulement une ou deux questions... N'est-ce pas en 1715 que mourut Louis XIV? Très-bien...

Au bout de cinq minutes, grâce à sa morbidesse, Eusèbe était reçu à l'unanimité.

— Tiens, tiens ! ne pus-je m'empêcher de murmurer.

— Tu n'es pas au bout, morbleu !

Nous sollicitons une place dans la même administration. Nous arrivons dans l'antichambre du directeur où se trouvaient déjà une douzaine de prétendants. L'huissier, attendri à la vue d'Eusèbe, faible et blême, lui murmure à l'oreille :

« Monsieur, je ne veux pas vous faire attendre dans votre état... venez avec moi... » Et il passa le premier, et il obtint tout de suite la place vacante. Et je fus éconduit.

— Diable ! opinai-je de nouveau.

— Patience !... Un jour, nous étions avec Eusèbe en chemin de fer. Sous prétexte qu'avec sa santé délicate l'air l'incommode, il veut forcer un voyageur à fermer la portière. Débat. Querelle. Eusèbe est insolent. Cartel.

Mais le soir, nos amis communs me prennent à part : « Ton cousin ne peut se battre, dans un tel état de santé... Un souffle le renverserait... Tandis que toi qui es solide... Au nom de la famille... » Le lendemain, je recevais pour Eusèbe un bon coup d'épée !

— Hum ! hum !

— Tu commences à partager mon avis. Je n'ai pas fini. Nous rencontrons dans le monde une jeune fille... un ange, mon cher... Eusèbe et moi nous en tombons amoureux et nous convenons de la laisser libre de choisir celui qu'elle veut épouser... Va te promener ! Le père, un malin, me prie de passer chez lui, et, d'une voix pénétré : « Mon ami, j'ai consulté le cœur de ma fille ; vous savez, à dix-huit ans, c'est romanesque... et franchement vos grosses couleurs, votre embonpoint naissant ne sont pas fait pour... pour... Léonie aime votre cousin. Elle veut être l'ange de son existence, cruellement éprouvée par le délabrement de sa santé... Ma fille est poétique et adore la *chute des feuilles*. Que voulez-vous ?... Vous ne pouvez être jaloux de voir accorder cette suprême consolation à votre cousin... »

Un mois après, Eusèbe était marié, et moi je suis encore garçon.

J'ai fait de la littérature ; lui aussi.

Son volume a été choyé, ménagé. Pouvait-on abîmer un écrivain qui a le courage de tenir la plume d'une main défaillante... En revanche, j'ai payé pour lui. On m'a accablé de sarcasmes et de critiques. N'avais-je pas la force de les supporter !

Partout, toujours enfin, tout pour lui, rien pour moi.

A dîner, les morceaux les plus fins à Eusèbe. Dans un salon, le coin du feu à Eusèbe... Et tu me viens féliciter de ma santé ?

— Écoute donc, tu auras du moins la consolation de vivre plus...

— Plus quoi ?... Eh bien, non ! Pas même cela. Avant-hier, mon médecin m'a dit : « Méfiez-vous !... Vous voyez bien votre cousin, avec son air chétif, il peut aller cent ans, tandis que vous avec votre sang violent, vous serez foudroyé par une attaque d'apoplexie !...

Eh voilà !... Conçois-tu maintenant !... La

santé!... La santé... Adieu, car je me monte, je me monte, et l'apoplexie prédite pourrait bien arriver.

Sur quoi le pauvre Dulcinet est parti en levant les mains au ciel.

Le proverbe aurait-il dit vrai ? A quelque chose malheur serait-il bon ?

.˙.

La nécrologie a annoncé *urbi et orbi* que le dernier des Trois Frères Provençaux, fondateurs de l'établissement qui porte encore ce nom, venait de succomber, et l'on a raconté à ce propos comment un plat inventé par ces Horaces de la gastronomie avait suffi à établir le succès d'une maison, qui devint une mine à millions à la suite de ce début heureux.

Ce sont là, il faut bien le dire, des mœurs

d'un autre âge. Aujourd'hui, nous mangeons d'une façon tout autre, et à coup sûr bien plus indifférente.

On pourrait parodier le cri célèbre de Bossuet :

« Le gourmet se meurt, le gourmet est mort ! »

Qu'on ne s'y trompe pas en effet, la gourmandise est un des défauts, ou une des qualités, comme il vous plaira, qui nécessite le plus de temps et de recueillement.

Il faut du temps et des heures de loisir pour stationner devant un plat comme devant un reposoir. Est-ce que nous autres, brûleurs de vie de 1869, nous pouvons nous arrêter à ces bagatelles de l'estomac !

Allez-vous-en dans un restaurant quelconque, et regardez autour de vous.

Peut-être découvrirez-vous dans un coin quelque vieillard, survivant du passé, qui lentement déguste un coulis savamment médité, ou une chipolata pleine d'érudition. Mais la présence même du vieillard ne servira qu'à faire mieux ressortir la gloutonnerie de ses voisins.

Tout ce monde-là dévore à la vapeur. C'est l'épilepsie de l'appétit.

— Garçon !

— Garçon !

— Garçon !...

Ce ne sont que clameurs pour presser le service. A peine a-t-on engouffré d'un plat, qu'on voudrait déjà passer au suivant, puis au troisième. Les entrées, le rôti, les légumes, le dessert, se bousculent, s'entr-choquent, se confondent.

Comment voulez-vous que des cuisiniers aient encore la conscience de leur art, quand ils travaillent pour de tels profanes ! A quoi bon ?

De cet indifférentisme est née cette sauce omnibus à l'aspect roussâtre, dans laquelle nagent uniformément toutes les viandes. Il y a la Belle-

Jardinière de la cuisine, comme il y a la Belle-Jardinière du vêtement.

Est-ce un bien, est-ce un mal ?

Ce serait un bien, si le temps que nous refusons de consacrer à nos repas, nous l'employions à des usages intelligents. Mais franchement, quand je vois mon voisin de table s'empiffrer, au risque d'accumuler pour l'avenir tous les germes de gastrite possibles, cela pour arriver plus tôt à la Bourse, où le malheureux se fera écorcher tout vif, je ne puis m'empêcher de regretter le temps où l'on savait manger.

* *
*

Innovation !

Nous allons avoir partout des cafés-spectacles.

L'idée n'est pas neuve, et du temps qu'il y avait un boulevard du Temple (Monsieur Haussmann, vous n'avez pas eu pitié de lui!), on admirait, non loin du Théâtre-Lyrique, un établissement qui arborait pour enseigne ce calembour aussi classique que révoltant : *A l'épi-scié.*

Pauvre boulevard du Temple! on n'avait pas imaginé alors, tant l'édilité donne d'imagination, de fabriquer un Champ-de-Mars en plein Paris, là où fleurit naguère ta joyeuse animation.

Mais hâtons-nous de clore cette parenthèse, par laquelle pourraient entrer des courants d'air malsains, et revenons à notre sujet.

Donc, nous allons avoir des cafés-spectacles.

L'institution en elle-même n'a rien qui soit illogique. Au contraire, c'est cette logique qui m'épouvante. Nous n'avions que trop de tendance au *caboulotisme* en matière d'art. C'est le coup de grâce.

Loin de moi la pensée de manquer de respect à la très-sainte Pipe et au sacré Cigare; cependant, si j'ose m'exprimer ainsi, leurs envahissements me paraissent singulièrement effrontés.

Avec eux le Débraillé, seigneur et maître de notre époque, a escaladé toutes les barrières, et ce Guzman ne connaît plus d'obstacles.

Et nous voilà aux cafés-spectacles!

— Garçon!

— Voilà, monsieur!

— O Héloïse! vous voir et vous aimer, c'est pour moi l'affaire d'un instant!

— Un gloria...

— Au kirsch?

— Non, au rhum?

— Albert, je ne puis être à vous.

— Pourquoi?

— C'est un secret qu'on ne m'arrachera qu'avec...

— Une demi-tasse.

— Albert, si vous saviez toutes les larmes que déjà vous m'avez fait...

— Versez, droite!

— Héloïse, mes angoisses sont égales aux vôtres.

— Pas de crème, monsieur?

— Albert, je voudrais n'avoir d'autre époux que vous.

— Ange!

— Mais mon père exige que celui qui obtiendra ma main soit riche. Il veut chez son gendre une fortune d'au moins...

— Trois francs soixante et quinze.

— Comment, trois francs soixante et quinze? deux chopes!

— C'est le tarif.

— Vous me volez.

— Monsieur...

— Une chope qui coûte partout trente-cinq centimes...

— Héloïse, je vous enlèverai, s'il le faut...

Probablement en lisant les chassés-croisés du dialogue ci-dessus, vous êtes-vous demandé si subitement je n'avais pas été pris au beau milieu de ma chronique par un accès d'aliénation mentale.

Il n'en est rien.

Ce qui précède n'est que la très-fidèle photographie de ce qu'on entendra dans les cafés-spectacles de l'avenir. Allez donc vous intéresser aux malheurs d'une héroïne qui *hoquettera* entre les comptes du garçon et les commandes de la pratique.

L'idéal et la réalité si proches voisins ! O galimatias !

Encore n'est-ce là que le côté comique de la question. Elle a un côté sérieux, trop sérieux.

Le plus grand fléau du jour, c'est le dégingandement universel des mœurs courantes. Je crains fort qu'il n'y ait là une étape de plus pour le mauvais progrès.

Aujourd'hui on commence par faire d'un café un spectacle ; qui sait si l'on ne continuera pas en faisant de tous les théâtres des cafés ?

Triste vision de l'avenir !

J'aperçois d'ici dans les loges de l'Opéra des messieurs humant la bière en lançant sur les épaules décolletées de ces dames des bouffées odorantes. Le parterre et l'orchestre crachent à qui mieux mieux. Les roulades de la Patti elle-même sont ponctuées par un cliquetis de verres et de petites cuillères.

Hélas ! hélas !

Aujourd'hui encore, ce rêve semble impossible à réaliser, demain il deviendra très-naturel.

Et c'est pourquoi je crie *casse-cou* quand il en est peut-être encore temps.

Le café est la onzième et la plus cruelle plaie de notre Égypte.

Il a déjà couché dans la tombe des milliers et des milliers de victimes, il a mordu à la moelle des centaines d'hommes intelligents dont il a fait, l'absinthe aidant, des idiots ou des fous.

La vie de café est le dissolvant le plus puissant et le plus redoutable de tout ce qu'il y a de cher et de charmant, de la vie de famille, de l'urbanité, de...

Du moins, y avait-il contre elle un refuge.

Ce refuge, c'était le théâtre. Pendant quelques heures, le théâtre nous apportait la trêve des bocks et du petit verre. Mais voilà que la vie de café, ne pouvant vaincre cet ennemi, s'installe chez lui et l'épouse.

Alliance effrayante, qu'engendreras-tu ?

Je vous le demande.

*
* *

L'éditeur est aux livres ce que le directeur est aux pièces. Ce n'est pas lui qui les fait, mais c'est lui qui les fait vivre et quelquefois mourir.

Comme le directeur de théâtre, l'éditeur a

ses répétitions, qui consistent dans la correction des épreuves du manuscrit qu'on imprime ; des premières représentations, qui s'appellent la *mise en vente* d'une œuvre nouvelle.

Comme le directeur, il doit savoir mettre en scène, c'est-à-dire habiller de caractères, de papier et de couvertures convenables les livres qu'il publie.

Et voyez jusqu'où l'on pourrait pousser la comparaison :

Chacun des théâtres du monde dramatique aurait son pendant dans le monde des bouquins.

Le Théâtre-Français des livres, ce sont les librairies spécialement affectées aux ouvrages classiques.

Le théâtre du Châtelet, ce sont les librairies militaires.

Les théâtres à décors, ce sont les librairies qui s'occupent spécialement d'œuvres illustrées.

Les théâtres de drame et de vaudeville, ce

sont les librairies qui publient le roman terrible ou la nouvelle souriante.

Il y a même, dans le royaume des livres des théâtres... comment dirai-je?... des théâtres d'exhibition. Ce sont les librairies vouées à des petits volumes enlaidis de photographies, où des célébrités galantes racontent leur vilaine histoire.

Rien que par la variété de cette énumération, il est aisé de comprendre combien sont délicates les fonction d'éditeur.

Pour les remplir dignement, il faudrait réunir en un seul homme tous les tacts et toutes les finesses.

Finesse d'esprit pour apprécier, finesse d'odorat pour flairer les qualités d'un talent, finesse d'ouïe pour saisir au vol les premières rumeurs, indices d'une réputation naissante.

Car la principale mission d'un éditeur, c'est d'être, en quelque sorte, un *devineur d'hommes*.

Couvrir d'or chaque ligne d'un écrivain en

renom est un mérite, sinon à la portée de toutes les bourses, au moins à la portée de toutes les intelligences.

Mais pressentir l'avenir d'un homme de lettres inconnu, là est le génie de l'éditeur.

Si vous saviez quelle émotion ce mot d'*éditeur* cause au néophyte ! Si vous saviez comme, à vingt ans, le cœur bat quand on pose pour la première fois le pied sur le seuil de la boutique qui vous a des airs de sanctuaire !...

Il y aurait un volume à écrire sur l'histoire du salut échangé d'éditeur à littérateur.

A vingt ans, comme je vous le disais, c'est l'auteur qui, obscur, ignoré, se courbe jusqu'à terre devant la majesté du capital.

A trente ans, on commence à parler du débutant ; il ne salue plus qu'en s'inclinant.

A trente-six ans, demi-notoriété : simple inclinaison de tête.

A quarante ans, l'auteur est célèbre tout à

fait... Ah! cette fois, c'est au tour de l'éditeur de saluer...

A moins que le salut n'ait été, depuis longtemps, remplacé par une poignée de main ; beaucoup d'éditeurs sont les amis des illustrations dont ils présentent les chefs-d'œuvre au public.

Parfois aussi la discorde se met au camp d'Agramant, et l'on passerait une plaisante revue si on voulait écrire l'histoire de tous les démêlés dont les gens de lettres et les éditeurs ont été les héros.

Les archives du Palais-de-Justice conservent le souvenir d'au moins trois mille procès de ce genre.

Le chiffre est assez rond, commé vous voyez !

Un exemple entre mille :

X... plaidait contre Y... — X... avait pris l'engagement de publier un feuilleton d'Y..., feuilleton en cours de publication dans un journal.

Mais à mesure que les feuilletons se déroulaient, le roman devenait tellement exécrable, que X... finit, après avoir usé des précautions oratoires, par déclarer à Y... qu'il ne peut éditer cette pâte ferme.

L'avocat de Y... pérore.

Puis quand c'est le tour de X..., il se lève lui-même pour présenter sa défense, et simplement :

— Messieurs, voici le manuscrit.

Je vous demande la permission de vous en lire cinq pages.

Si, à la cinquième, il y a ici une seule personne éveillée, je passe condamnation !...

Et X... gagna, grâce à cet argument péremptoire.

Résumons-nous.

L'idéal ici-bas ne peut que se rêver. Il n'est pas d'éditeur parfait, mais il en est — et beaucoup — qui ont rendu de vrais services à la littérature et dont la générosité est restée célèbre.

Ceux-là ont eu raison.

Ce n'est pas en semant des gros sous qu'on récolte des diamants.

⁂

Deux mots ayant pour objectif des personnages officiels.

Le premier s'attaque à un ministre dont l'affabilité est l'unique souci. Quoi qu'on lui demande, il est charmant, charmant, si charmant qu'il s'en tient là et fait presque toujours bon marché de ses promesses ultragracieuses.

— M. X..., disait quelqu'un, c'est le sourire à perpétuité.

— Vous oubliez : *forcé*, intervint un auditeur.

⁂

Le second mot, infirmé depuis, est dédié à M. le baron Haussmann.

Il était question des bruits de retraite qui ont couru sur lui.

— Laissez dire, fit un président de section au conseil d'État, M. Haussmann, c'est le préfet de Pise... il penche toujours, mais ne tombe jamais.

⁂

En face de ces vides qui vont se multipliant par la mort des notabilités contemporaines, on ne peut s'empêcher de chercher des yeux avec inquiétude quels seront les successeurs de toutes ces renommées. Il est temps, bien temps, que les générations nouvelles entonnent le *sursum corda.*

Un vieillard, illustre lui aussi, faisant allusion à ces morts regrettés, dont on ne voit guère les héritiers, disait hier ce mot charmant :

— Il en est de même, à l'heure présente, du monde de la gloire et de nos promenades publiques. Toutes les fois qu'il meurt un grand arbre, on plante un échalas à sa place.

*
* *

C'est avec un sentiment de plus en plus douloureux que je vois, chaque année, revenir l'époque où les magasins de nouveautés infestent les journaux de leurs annonces géantes.

Non pas que je veuille, mon Dieu, la mort de l'alpaga et la ruine des mohairs grande largeur !

Proclamer en lettres de 47 centimètres qu'on donne pour rien toutes les étoffes, fut évidemment un moyen qui avait son petit mérite en 1840, avant la chute du ministère Thiers !

Mais aujourd'hui !

Quand le siècle a marché à pas herculéens ;

Quand la classe de grosse caisse a fait de si splendides élèves au Conservatoire du puffisme.

Je ne crains pas de l'affirmer : la nouveauté présente un spectacle navrant ; elle se déconsidère.

Du nouveau, morbleu, du nouveau !

Car, s'il y a dix ans que vous donnez pour rien, comment voulez-vous qu'on croie que, depuis ce temps, vous avez trouvé moyen de réaliser les bénéfices que chacun sait?

Eh bien, soyons magnanimes.

Après avoir indiqué le mal, aidons la Nouveauté à trouver le remède,

Nous n'avons d'ailleurs pas longtemps à chercher.

Le procédé est déjà découvert. Il ne s'agit que de le transfuser d'un individu dans un autre.

C'est celui des attestations émanant de signataires patentées et dignes de foi.

N'avez-vous pas lu cent fois dans les feuilles :

« Monsieur Panavoix,

» Je souffrais depuis cinquante-neuf ans de douleurs intolérables qui devaient infailliblement abréger mon existence.

» C'était la goutte, l'horrible goutte qui me suppliciait.

» Mais la Providence n'abandonne pas l'homme, même quand l'homme ne pense pas à elle.

» Votre *Huile de bâtons de chaises* m'a été recommandée par un ami.

» J'en ai acheté un flacon.

» Je l'ai posé sur ma cheminée, et, depuis lors, mes souffrances ont cessé comme par enchantement.

» Dans l'intérêt de l'humanité maladive, je me fais un devoir, etc.

» Galoubet,

» *Ancien commis à cheval.* »

Oui, n'est-il pas vrai, vous avez lu cette épître ; si ce n'était-elle, c'étaient donc ses sœurs.

Alors vous me devinez.

Ce qu'on fait pour les farines de santé et chipalescières, je demande que la nouveauté le fasse pour ses popelines et ses poils de chèvre.

Quel rajeunissement pour ses boniments quand on verra, entre Regnauld aîné et la pâte Aubril, des fragments de correspondance ainsi conçus :

« *Numéro* 14, 765.

» Monsieur le directeur des *Six-Magots*,

» Je suis père de quatre filles.

» C'est un accident qui peut arriver au plus honnête homme. On n'en est pas cause.

» Ces quatre filles me ruinaient en toilette, et tous mes appointements bureaucratiques y passaient.

» Mais mon bon génie m'a pris par la main et m'a fait entrer, l'année dernière, dans vos splendides magasins.

» Là, au prix fabuleux de quarante centimes le mètre, j'ai acheté quatre robes en *mozambique rayée et garantie bon teint*.

» Ah! monsieur, grâce à vous, ma fille a pris une face nouvelle.

» Les robes en mozambique sont INUSABLES.

» Mes quatre filles en ont pour jusqu'à leur majorité.

» J'en appelle à tous les pères. N'est-ce pas un beau jour que celui où l'on n'a rien à dépenser pour ses enfants ?

» Soyez béni par votre dévoué,

» Clochenzinc,

» *Sous-chef à la compagnie d'assurance le* Coléoptère. »

« *Numéro* 132,864.

» Monsieur le directeur des *Onze-Quartiers*.

» Vous êtes un homme charmant.

» C'est à vous que je dois le palissandre qui me circonvient de toute part, et je ne vous l'envoie pas dire.

» L'heure lugubre avait sonné !

» Je glissais dans l'abîme du terme à payer.

» Quand j'ai résolu un dernier effort...

» Avec les 48 francs qui me restaient, j'ai acheté chez vous une robe à carreaux havane sur noir.

» Un poëme !

» Dès que j'ai paru avec votre chef-d'œuvre au *Cas-Cad*, un Brésilien à 110 carats m'a vue, est venu et a été vaincu.

» Il m'a acheté hier un panier à salade et m'emmènera à Bade.

» Tout cela, grâce à vous.

» Publiez ce fait, et puisse-t-il faire votre fortune comme il a fait la mienne !

» CLORINDINA,

» *Dame de compagnie des Brésiliens.* »

Je ne continue pas les citations.

Ces deux modèles disent toute la réforme que je propose.

Dieu protége le madapolam !

⁂

Nous étions quatre dans un compartiment du chemin de fer de Lyon.

Quatre fumeurs, — ce qui avait déjà commencé à établir entre nous un point de rapprochement.

Comment de cette simple analogie passâmes-nous à une conversation plus intime? Je ne me le rappelle plus.

Probablement l'un de nous avait demandé à l'autre l'allumette de la complaisance. Un remerciement s'ensuivit sans doute, puis un propos banal fut échangé, puis deux.

Bref, à la station de Villeneuve-Saint-Georges, le dialogue était engagé sur toute la ligne.

Quel en était le thème!

Un sujet qui revient volontiers dans les causéries de wagons : les accidents de chemin de fer.

Et chacun de nous s'était laissé aller à raconter avec une certaine complaisance les périls réels ou imaginaires auxquels il s'était trouvé exposé, quand le quatrième d'entre nous, un monsieur aux cheveux grisonnants qui n'avait pas encore fourni son contingent à nos récits, prit à son tour la parole :

— Tout cela, messieurs, dit-il est sans doute fort intéressant, mais permettez-moi de vous dire que toutes vos aventures réunies ne sont rien auprès du drame dont j'ai été, en Angleterre, l'un des personnages involontaires...

Ce début avait, comme bien vous le pensez, piqué à la fois notre curiosité et notre amour-propre.

Aussi tous d'une voix réclamâmes-nous la preuve de l'affirmation qui nous était lancée avec tant d'assurance.

— Bien volontiers, messieurs, fit notre compagnon de route en s'inclinant de l'air le plus convaincu.

C'était, je vous l'ai dit, en Angleterre, il y a de cela cinq ans.

J'avais pris à Bristol le train de six heures du matin, je m'en souviendrai toute ma vie, pour me rendre dans une petite ville située à vingt lieues de là.

Le convoi avait marché jusque-là de la façon la plus régulière, quand — du premier wagon dans lequel j'étais placé — le bruit d'une vive altercation et de cris violents arrive à mes oreilles.

Je penche la tête à la portière.

Les cris partaient de la locomotive, sur laquelle une querelle furieuse venait d'éclater entre le chauffeur et le mécanicien.

J'en ai appris depuis le motif, qu'il convient de vous faire connaître sans plus tarder.

Tous deux étaient épris d'une ouvrière bristoloise dont ils recherchaient la main. Leur rivalité avait d'abord été résignée, et ils s'étaient mutuellement engagés à se soumettre au choix de labelle.

Mais celle-ci refusant de se prononcer, l'animosité avait grandi de part et d'autre.

Si bien que le jour où se place la date de cette histoire, leur colère, longtemps comprimée, avait fini par éclater en une altercation furibonde.

J'étais donc, messieurs, ainsi que je vous l'ai dit, à la fenêtre du wagon depuis quelques minutes, quand soudain les cris redoublèrent.

La querelle dégénérait en lutte.

Le chauffeur et le mécanicien s'étaient pris corps à corps, cherchant à se terrasser.

Vous frémissez, messieurs...

Ah ! je frémis encore bien davantage lorsque, de mon poste d'observation, je vois...

Ce souvenir ne s'effacera jamais de mon esprit...

En cherchant à se renverser, les deux combattants venaient de tomber de la machine et de rouler ensemble sur la voie !

Et le train marchait toujours !

Abandonnée à elle-même, la locomotive commença à redoubler de vitesse.

Les champs, les maisons, les arbres disparaissaient avec une rapidité vertigineuse.

Une station se présenta.

Nous ne fîmes que l'entrevoir, et déjà nous étions passés.

Une seconde.... une troisième... une quatrième...

Des clameurs d'épouvante s'échappaient de toutes les poitrines.

Chacun sentait que c'en était fait et que nous étions perdus.

Déjà l'on apercevait au tournant de la voie une gare d'arrêt où nous allions aller nous briser.

Je recueillis mon courage, je fermai les yeux, et. . . . .

— Fontainebleau !.. Fontainebleau ! crie tout à coup la voix d'un conducteur coupant la parole à notre narrateur, qui ouvrit la portière :

— Désolé, messieurs, mais c'est ici que je descends.

Et il quitta le wagon, nous saluant avec politesse.

Aucun de nous n'a jamais su la fin de son histoire.

⁂

Il existait jadis contre le spleen un remède regardé comme infaillible par les médecins intelligents. Point n'était besoin d'envoyer le malade à Nice, cet hôpital à la fleur d'oranger, ou à Monaco, ce lieu de plaisirs à fonds perdus.

Il suffisait de conseiller au spleenétique l'achat périodique du *Bulletin des Lois*, dans lesquels sont toujours consignés au jour le jour les brevets d'invention pris par les cerveaux en travail de Paris et de la province. Aujourd'hui ce remède, jadis unique, compte un pendant. Ce pendant est la lecture des pétitions adressées au Sénat.

Non pas que dans le nombre il ne se trouve de justes réclamations formulées dans un langage parfaitement sain ; mais il faut bien l'avouer, c'est plutôt là l'exception, et l'excentricité tient la plus large place dans ces revendications isolées ou collectives.

C'est ainsi qu'hier, sans remonter plus loin, ayant sous les yeux le dernier feuillet des pétitions, j'y ai trouvé de quoi récréer ma soirée tout entière ; et vous allez être forcés de reconnaître qu'il y avait de quoi.

Tout d'abord, en effet, s'est présentée à mes yeux la supplique de cet excellent ancien militaire qui demande que tout failli soit exilé de France. Convenez que voilà une demande un peu bien téméraire, et qu'il faut n'y avoir point songé pour oser formuler une semblable requête.

Tous les faillis exilés ! Mais c'est simplement la dépopulation de notre beau pays que vous demandez là, monsieur ! Car sous cette rubrique, il ne convient pas de placer seulement les commerçants qui ont déposé leur bilan. Il y a vingt-cinq façons de faire faillite en ce monde.

Ceux d'abord qui font faillite à leurs serments. Rien que de ceux-là, j'en connais une trentaine de mille parmi nos hommes politiques. Ce n'est pas une seule fois, c'est à plusieurs reprises que leur conscience a déposé, elle aussi, son bilan. Adorateurs du soleil qui se lève, fut-ce dans une mer de sang, ces gens-là ont tour à tour adoré tous les faits accomplis pour trahir toutes les infortunes.

Ah ! ce n'est pas que nous tenions à leur présence au moins ! Mais nous avons pitié de cette brave Belgique, dans laquelle se déverserait, de par la pétition, le trop-plein de nos apostasies, et il nous répugne de faire de ce bon petit peuple le collecteur de nos immoralités.

Et les écrivains qui ont fait faillite à leur probité littéraire ! Et les chasseurs de dot qui ont fait faillite à leur cœur ! Et tant d'autres dont le dénombrement soulèverait trop de dégoût !

Vous voyez bien, mon pauvre pétitionnaire, qu'il faudrait opérer trop en masse, et que votre innovation serait une machine pneumatique qui ne tarderait pas à faire le vide dans nos quatre-vingt-neuf départements.

*
* *

Après le décapité parlant est venu le crâne du cardinal Richelieu, à l'annexion duquel on a procédé naguère dans l'église de la Sorbonne. Tout un programme solennel avait été rédigé pour la circonstance.

Le groupe en marbre qui constitue la partie artistique du tombeau du cardinal et qui est l'œuvre de Girardon, était noirci par le temps. Les journaux nous apprirent qu'on l'avait restauré, ce qui prouve, entre parenthèses, que l'enchaînement des effets et des causes est parfois bien bizarre.

Si Richelieu, en effet, n'avait pas été séparé de sa tête, feu Girardon n'aurait pas eu la satisfaction de voir gratter sa statue qu'on aurait continué à laisser dans l'abandon le plus complet.

Pour en revenir au programme de la solennité, il se composa d'une procession, d'une messe en musique et enfin d'un discours prononcé par un abbé.

J'avoue que la tâche de l'orateur m'aurait singulièrement épouvanté à sa place. D'abord, parce que jamais panégyrique ne fut fait et refait plus souvent que celui de Richelieu qui, en fondant l'Académie française, s'assura une rente d'éloges qui fut payée pendant je ne sais combien d'années par tous les académiciens nouveaux.

Une autre considération m'aurait, en outre, embarrassé. Si, en effet, la tête dont on opéra en grande pompe le réemménagement roula de vastes projets, elle conçut aussi de bien abominables desseins.

Exalter les uns sans souffler mot des autres me semblerait un crime de lèse-vérité, que j'aime beaucoup mieux voir commettre par un autre que par moi.

Je sais bien que l'histoire ressemble quelque peu aux veuves inconsolables des épitaphes.

Celles-ci, trop souvent, eurent pour mari un pas-grand'chose qui leur faisait prendre sur l'enfer d'involontaires à-compte. Le pas-grand'chose cependant vient à trépasser : changement à vue.

On ne se rappelle plus ou l'on feint de ne plus se rappeler que ses qualités, s'il en eut, et passant l'éponge sur ses défauts ou ses vices, on s'en va commander chez le marbrier des *Bon père, Bon époux, Bon citoyen,* etc., en lettres dorées dont le goût est, suivant le tarif uniforme des douleurs, de trois francs la lettre.

Ainsi de l'histoire.

Voici par exemple le cardinal de Richelieu : sa cruauté, beaucoup plus authentique que celle du fameux ours de l'Hippodrome, ne laissait vraiment rien à désirer; ses rancunes, qui couvraient tout ensuite du grand manteau rouge, — une couleur sur laquelle le sang ne se voit pas, — ses rancunes s'embusquèrent trop souvent derrière la raison d'État pour tuer ceux qui avaient eu le malheur de déplaire à Son Éminence. Il eut des ambitions littéraires de Trissotin et des avidités pécuniaires de traitant ; il fit tomber sous ses coups plus d'un innocent ; il poursuivit Corneille de sa jalousie mesquine.

Eh bien ! tout cela, on semble aujourd'hui

l'avoir oublié ; comme s'il y avait une proscription pour les attentats de grand format.

Et les admirateurs de ce soleil qui compte tant de taches, hélas! de vous répondre imperturbablement :

— C'était un grand homme d'État.

Je ne prétends pas le contraire, mais si c'eût été par la même occasion un grand homme de bien, cette seconde qualité n'aurait pas gâté la première.

⁂

Lorsque, me promenant à travers les rues et places de la bonne ville de Paris, je regarde les inscriptions placées à l'angle de ces mêmes rues, je me prends à trouver parfois qu'on a taillé la part un peu large aux illustrations qui se sont faites aux dépens de l'humanité, et la part un peu petite aux illustrations qui se sont faites à son bénéfice.

A cela, vous m'objecterez peut-être qu'il est fort malaisé de procéder à la répartition. Je ne nie pas le fait. En voulez-vous au contraire une autre preuve ?

Une académie de province institue un concours de poche.

Le sujet de ce concours est l'éloge de Vercingétorix.

Mon étonnement à ce sujet remonte déjà loin, c'est-à-dire à l'époque où, naïf écolier, je traduisais le *De Viris* et me laissais initier par les professeurs universitaires aux beautés de l'histoire romaine.

L'honorable maître chargé de présider à ce cours intéressant nous fit un jour une leçon qui avait précisément Vercingétorix pour sujet. Très-éclectique de sa nature, il commença par nous démontrer que César était un héros qui avait droit à toute notre admiration pour la façon brillante dont il avait conduit les campagnes des Gaules.

Après quoi, il entreprit de nous prouver que Vercingétorix n'était pas moins digne d'être admiré pour la façon dont il avait lutté contre ledit César.

Ce double enthousiasme, tout jeunes que nous étions, ne laissa pas de nous surprendre, et l'un de nos camarades, plus hardi que les autres, prenant discrètement la parole :

— Pardon, monsieur...

— Qu'y a-t-il?

— Monsieur, je ne comprends pas très-bien...

— Qu'est-ce que vous ne comprenez pas?

— Vous nous dites que Vercingétorix fut sublime parce qu'il défendit intrépidement sa patrie menacée...

— Sans doute.

— Mais alors César qui menaçait cette même patrie commettait une mauvaise action et...

— Vous me copierez cinq cents vers pour avoir interrompu la classe.

Ce fut la seule explication qu'obtint mon infortuné condisciple. J'avoue pourtant que je n'aurais pas été fâché depuis d'en obtenir une autre.

*

On plaidait hier un procès intenté par un malade à son médecin. Le malade prétendait que le docteur B... lui avait rédigé sa note comme s'il avait été l'apothicaire du proverbe. Le plaignant, que l'impitoyable Esculape avait fait saisir pour refus de payement, arguait principalement de ce que le médecin avait, malgré ses observations, persisté à lui faire des visites lorsqu'il était déjà guéri.

Le docteur B..., qui niait le fait, avait fait

venir, comme témoin pour sa défense, une garde-malade. Le président l'interroge.

— Est-il vrai que M. X... ait continué à faire des visites quand il n'y en avait plus besoin.

— Ma foi, monsieur, tant que j'ai vu le médecin auprès de lui, le malade m'a paru être en danger.

Jugez si l'on a ri.

*
* *

Une bonne naïveté.

Ils étaient deux braves ouvriers maçons qui, pendant l'heure de repos qui coupe leur journée, flânaient sur le quai Voltaire en s'arrêtant aux devantures des bouquinistes.

A l'une de leurs stations, l'un des deux se met à déchiffrer tout haut les titres des bouquins :

— Racine...Corneille...Le Parfait secrétaire...

Soudain il hésite et épelant par syllabes un nom qui évidemment lui était inconnu :

— Co o per... Tiens, qu'est-ce que c'est que celui-là ?

— Parbleu, fait l'autre, ce doit être le fondateur des sociétés coopératives.

*
* *

On causait hier du plus vaniteux de nos écrivains politiques, assez mince personnage qui a l'air de se prendre pour un *Deus ex machinâ* et dont l'ambition non encore satisfaite fait constamment la roue.

— B..., fit une des causeuses qui se trouvaient dans le salon, c'est un homme qui, le jour où il aura une seule croix, trouvera le moyen de la porter en brochette.

VIII

Je ne vous retracerai pas l'historique des octrois ; je ne vous donnerai pas même l'étymologie du mot.

Il y a des dictionnaires à Paris comme des juges à Berlin.

Mais, pédantisme à part, il y aurait dans ce seul sujet de quoi défrayer un volume entier de fantaisies.

Ce serait d'abord le chapitre des *fraudes et des fraudeurs.*

Les bonnes histoires ! les inventions plaisantes ! les incomparables ingéniosités !

— Si l'homme, a dit un philosophe, dépensait pour faire le bien la moitié de l'intelligence qu'il emploie à faire le mal, que de grands hommes peupleraient nos panthéons !

Elles sont plus nombreuses que les grains de sable dans la mer ou les fautes de français dans un roman de X..., les ruses combinées par les contrebandiers de l'octroi parisien.

Chacun connaît le *cerf-volant à l'eau-de-vie*. Un joli truc, ma foi, composé d'un immense cerf-volant lesté de deux énormes outres pleines de liquide. Un des fraudeurs jetait la corde à son compère par-dessus le mur d'enceinte, et le tour était fait !

Qui n'a aussi entendu parler de la *contrebande au souterrain ?*

Un conduit creusé sous terre et aboutissant à la cave d'un marchand de vin qui introduisait ainsi des déluges de Bourgogne.

Et le *groom en zinc !*

Celui-là fut en vérité un des plus fantastiques.

Prestance superbe, raide derrière la voiture de son maître, tournant la tête à l'aide d'un mécanisme. Il ne lui manquait que la parole. Ce qui le perdit.

Car un jour un commis, surpris de ce qu'il ne répondait pas à une de ses questions, le secoue par le bras. Mon groom rend un son métallique, et l'on découvre que c'est un mannequin remarquablement imité et faisant office de tonneau discret pour le passage des alcools !

Après le chapitre des fraudes viendrait une étude sur le commis de barrière, vulgairement connu sous le nom de *gabelou*.

Pauvre soldat du fisc !...

Avez-vous jamais, quand vous le saluiez de quelque ironie, avez-vous jamais pensé à ce que ses fonctions ont de pénible ?

Il est là par le froid, par le chaud, par la bise, par la neige, par la pluie.

Il est là, blotti dans la guérite d'où il ne sort que pour exercer son fatigant droit de visite.

Voyez !

C'est un jour de fête.

Les promeneurs défilent en habits de gala, — et il songe que lui aussi irait bien prendre sa part de joie et de soleil.

Les mères passent en tenant par la main les bambins qui gazouillent de plaisir ; — et il songe qu'il serait bienheureux d'être auprès de ses chers petits.

Pauvre soldat du fisc !

Que serait-ce, si je voulais ensuite faire une revue incidente de tous les octrois de ce bas monde !

Car il ne faut pas vous imaginer que nous ne possédions ici-bas que ceux dont les grilles nous barrent la route tout le long, le long des fortifications de Paris.

Quand ceux-là seront abolis s'ils le sont, —

ce sera parfait ; mais il en restera bien d'autres à supprimer, ma foi !

Essayez un peu de pénétrer, vous, simple parvenu, dans certains salons aristocratiques du noble faubourg. L'octroi du préjugé vous arrêtera à la porte, fouillera dans votre poche pour voir si vous avez un parchemin, — et si vous n'en avez pas, vous ne passerez pas Gros-Jean !

En politique, c'est l'octroi des partis à l'inspection duquel il faut se soumettre.

En littérature, quel terrible octroi, celui que les coteries ont installé pour la plus grande gloire de la routine. Vous avez du talent ! Qu'importe, les gabelous du réalisme ou de l'école du bon sens vous crient : *On n'entre pas !*

Et l'octroi du mariage donc ! Avec quel zèle les parents du futur visitent le portefeuille de la fiancée, et *vice versa !*...

Mais c'est assez moraliser, et, vous préférerez sans doute une anecdote, qui se rattache à mon sujet.

Il s'agit en effet d'une histoire de mariage. Quel mariage !

Le futur était l'homme le plus timide de France. La future, vu ses trente ans sonnés, brûlait au contraire d'une impatience justifiée par la crainte de coiffer sainte Catherine. Les choses en étaient là depuis plusieurs mois : lui, soupirant en silence devant elle ; elle, attendant que lui se décidât à offrir son cœur.

Un jour pourtant, le timide semble vouloir prendre un parti.

Il saisit — ô merveille d'audace ! — la main de sa fiancée, ouvre la bouche, va parler...

Mais non ! la damnée timidité a repris le dessus. C'en est fait ! Il est resté dans son mutisme.

Sur quoi, elle, poussée à bout :

— Monsieur, quand on n'a rien à déclarer, ce n'est pas la peine de franchir les barrières !...

* *

Je ne sais s'il vous est arrivé jamais de passer par le Pont-Neuf, où réside le fameux thermomètre de l'ingénieur Chevalier et de vous arrêter pour écouter les conversations de tous les gens de loisir qui font de la météorologie en plein vent, innocente concurrence à Mathieu (de la Drôme).

Ah ! celui qui, avec le talent d'observation de Henri Monnier, écrirait les *Inutilités de la conversation*, aurait là un chapitre à glaner !

Quant à moi, j'ai accompli ce pèlerinage pour m'édifier, à sept ou huit reprises, en plusieurs années.

Toujours, chose étrange, j'y ai retrouvé les mêmes habitués !

Demeureraient-ils sur ce trottoir ?

Toujours je les ai entendus échanger ce dialogue :

— Oui, monsieur moi qui vous parle, je me rappelle avoir vu, en 1829, la Seine prendre d'un bout à l'autre.

— Moi aussi, monsieur, c'était l'année où je suis arrivé à Paris pour me mettre dans le commerce. A preuve que je l'ai même traversée, la Seine, au Pont-Neuf.

— A pied ?

— Naturellement.

— Il n'y a rien que de naturel là dedans, puisque moi je suis passé dessus en voiture, en face de Bercy.

— Vous m'en direz tant !

— Et les cendres de l'Empereur, monsieur...

— Oh ! oh !

— Le 15 décembre 1840... Je m'en souviendrai toute ma vie.

— Et vous aurez raison. On ramassait dans

les Champs-Élysées les gardes nationaux morts de froid...

— En fûtes-vous, par hasard?

— Des morts?

— Non, des gardes nationaux?

— Pas personnellement, mais j'avais un cousin dans la seconde légion. Il y a pris des rhumatismes dont il souffre encore.

Et ainsi de suite.

Les colloques du quai des Lunettes continuent sur ce ton, et c'est, je vous assure, par la température actuelle, un des spectacles les plus amusants qu'on puisse se donner...

Après le patinage bien entendu.

Car, cette année, le patin semble disposé à prendre une revanche éclatante; et il en avait besoin, car la gelée semblait le fuir avec une ironie cruelle, justement depuis qu'on lui a créé de magnifiques champs de manœuvre.

Autrefois, du temps que Paris n'avait que

le bassin des Tuileries pour s'exercer, il gelait avec une suite merveilleuse.

Maintenant qu'on a l'espace, c'est le froid qui fait défaut.

Aussi le patin était-il tombé un peu dans le marasme, tout le monde n'ayant pas le courage de ses opinions à un si haut degré que l'amateur qu'on voit toute l'année, même par trente-cinq degrés de chaleur, se promener, la canne à la main et le patin à roulettes aux semelles, sur le bitume de la place de la Concorde.

Mais — grâce à la température sibérienne dont nos hivers paraissent disposés désormais à nous doter — il y aura encore de beaux jours pour le sport à glace.

Déjà même il est question d'une institution nouvelle le *Club des Patineurs*, dédié aux délicats qui ne veulent pas être exposés à tous les contacts de la foule.

Je comprends d'autant mieux ces délicats, qu'une nouvelle industrie vient de naître, à laquelle ils doivent désirer n'être mêlés en rien.

Quelle industrie ? Écoutez. La rareté en vaut la peine.

Donc hier, les nombreux promeneurs qui stationnaient sur les bords du lac du bois de Boulogne virent arriver, vers deux heures, un monsieur qui se chaussa du rail mobile et commença à se livrer à des ébats multiples.

Le monsieur était d'une adresse prestigieuse : arabesques, contorsions, enlacements, il exécutait le tout avec tant d'aisance, qu'un cercle énorme ne tarda pas à se former autour de lui.

Sans doute la présence d'un public aussi compact avait stimulé son amour-propre, car on vit tout à coup le monsieur prendre son élan avec une nouvelle force, et zigzaguer sur lui-même, comme s'il voulait écrire quelque chose avec le fer de son instrument, puis disparaître en gagnant le large.

Les spectateurs, poussés par la curiosité, s'approchent aussitôt de l'endroit qu'il vient d'abandonner, et lisent, tracés distinctement sur la glace, ces mots renversants :

DURAND

ÉTOFFES AU RABAIS

Rue Albouy, 229.

Le monsieur était un courtier d'annonces de nouvelle espèce.

La *réclame au patin* était inventée.

Avouons qu'il ne nous manquait plus que celle-là !

IX

Dans une étroite rue du vieux quartier Latin, qui se transforme comme tous les autres et qui, partant de la place de la Sorbonne, s'en va aboutir au lycée Louis-le-Grand, s'élève, derrière une grille hermétiquement fermée les trois quarts de l'année, un bâtiment rectangulaire de la plus simple apparence.

A coup sûr, l'architecte qui a conçu le plan de cet édifice-là ne s'est pas mis en frais d'imagination.

Rien qu'un parallélogramme blanchi à la chaux et percé, au rez-de-chaussée et au premier, de fenêtres peintes en jaune.

De chaque côté, deux corridors à ciel ouvert, que des semblants de végétation voudraient bien faire prendre pour des jardinets.

Et c'est tout.

Pourtant ce vieux bâtiment triste et laid a joué, à une certaine époque, un rôle bien important dans la vie d'une foule de notoriétés contemporaines.

Car c'est là que se tiennent, quand revient juillet, les grandes assises de l'Université ; c'est là que certains jours, s'engouffrent par la grille, ouverte dès six heures du matin, de longues files de Lycéens réunis pour les compositions solennelles du *Concours général*.

Ils arrivent par pelotons, ceux de Paris et ceux de Versailles.

Chaque élève porte sous son bras un grand filet dans lequel l'économat du lycée — qui, pour ces journées extraordinaires, se relâche un peu de sa parcimonie — a entassé un pâté, un pot de confitures, quelques fruits, une demi-bouteille d'un vin prudemment allongé, et du pain à indiscrétion.

Toutes les classes viennent ainsi successivement se disputer les palmes grecques et latines dans le champ clos du thème, de la version, du discours, etc.

Deux classes concourent à la fois, l'une en bas l'autre en haut.

Chacune est, pour les différents lycées, représentée par six ou douze concurrents, plus deux ou quatre suppléants, auxquels un usage immémorial a décerné le surnom de *bouche-trou*.

Eh ! mon Dieu, ne riez pas.

On a vu souvent un bouche-trou, remplaçant un élève malade, enlever d'emblée le premier prix.

N'est-ce pas ainsi partout, et plus d'un grand artiste n'a-t-il pas, par exemple, révélé sa vocation théâtrale en doublant son chef d'emploi qu'il ne devait pas tarder à surpasser?

Mais l'heure a sonné.

On procède à l'appel, et les concurrents pénétrent un par un dans l'une des deux grandes salles.

Elles se ressemblent d'ailleurs.

Même nudité, même insouciance des lambris dorés. A droite et à gauche, pour tous meubles, des tables de chêne où les élèves s'assoient, quatre par quatre, mais avec cette précaution que chacun a pour voisins des élèves d'autres lycées que le sien.

Contrairement aux préceptes de la charité, il est, en effet, défendu, dans ces circonstances-là, de se venir en aide les uns aux autres.

Ah! comme le cœur bat la première fois qu'on pénètre dans ce sanctuaire!

La séance dure sept heures au moins, sans entr'acte; onze heures au plus pour les classes supérieures.

N'importe !

On a à peine le temps de s'en apercevoir ou de tourmenter un peu l'un des quatre professeurs qui suivent les travaux sous la présidence d'un inspecteur de l'Université.

Le pâté lui-même, — qui à quinze ans fait battre le cœur dans l'estomac, le pâté reste quelquefois intact.

Il est vrai que, par compensation, il en est qui ne remplissent absolument que la partie comestible du programme.

Mais les derniers moments approchent.

On recopie sa composition sur un papier fourni par la Sorbonne, et dont l'en-tête, portant le nom de chaque écolier, est d'abord coupé.

Car c'est de nuit et sans connaître les concurrents que d'autres professeurs classeront, par ordre de mérite, les copies dont on ne retrouvera ensuite l'auteur qu'à l'aide d'une devise, inscrite au bas et répétée sur la partie coupée du manuscrit.

On le voit, l'impartialité la plus stricte préside aux luttes du concours général.

Pendant un temps, il fut à l'ordre du jour de plaisanter les *forts en thème* et les lauréats universitaires.

On en est, Dieu merci, revenu.

Pour cela, il a suffi de parcourir la liste des noms qui ont figuré dans les concours des trente dernières années.

On y retrouve pêle-mêle les trois quarts des notabilités de l'époque.

Des avocats, des médecins, des hommes politiques, des ministres, des peintres, des gens de lettres : que sais-je?

Les Chaix d'Est-Ange, les Andral, les Augier les Sardou, les About, les Pène, les... les... Je n'en finirais pas.

Et il faut finir.

Ce que je ferai en souhaitant aux lycéens de notre époque de soutenir le vieil honneur de l'Université. C'est grâce aux concours généraux qu'on a vu disparaître les abus qui entachaient jadis les distributions de prix particulières, où les maîtres de pensions s'arrangeaient toujours de façon à ce que tout pensionnaire eût sa couronne, dans l'intérêt de la recette.

— Mais enfin, monsieur, disait un jour une mère consciencieuse à l'un de ces trop prodigues donneurs de lauriers, comment se fait-il que mon fils ait un prix, lui qui a toujours été le dernier de sa classe ?

Justement, madame, répondit-il, *c'est un prix de persévérance !...*

Le concours général a changé tout cela ; applaudissons.

*
* *

C'était dernièrement sur l'esplanade des Invalides.

Je passais, suivant le trottoir du quai, lorsque

de loin j'aperçus sous les quinconces un groupe nombreux qui frétillait, se poussait, bourdonnait.

Il n'en a jamais fallu davantage pour arrêter net un Parisien qui chemine.

J'approchai donc avec empressement rêvant déjà de catastrophes en Espagne et m'attendant à rencontrer quelque cheval emporté, quelque filou pris à se promener les mains dans *nos* poches, quelque chien conduit en fourrière pour s'être soustrait à ses devoirs civiques de contribuable muselé.

Erreur !

Ce n'était point d'un accident qu'il s'agissait, car les visages respiraient le calme.

Et j'allais m'éloigner, quand je remarquai l'étrange allure de l'attroupement sur la lisière duquel je me trouvais.

Figurez-vous l'assemblage le plus bizarre de toilettes invraisemblables, de blouses pittoresques, de robes insolites.

Et quelle variété de types ! O Gavarni ! ô Daumier ! ô Cham ! que n'étiez-vous là ?

Ici un homme d'une maigreur diaphane, qui devait ployer au souffle du vent ; là une matrone large comme un bastion et pouvant rivaliser pour le tour de taille avec la colonne de la Bastille.

Plus loin un gaillard à la stature extraordinaire, qui semblait vouloir se ramasser sur lui-même pour dissimuler une partie de ses avantages.

Le reste à l'avenant, ce qui n'est pas peu dire.

De telle sorte que, piqué au vif de la curiosité par cet énigme à cent têtes, je ne pus résister à la tentation, et m'adressant à un particulier qu'on eût cru dessiné par Callot :

— Pardon, mon ami, pourriez-vous me dire quel est ce rassemblement et dans quel but ?

Le bonhomme me toisa des pieds à la tête, et probablement que le résultat de son examen fut favorable, car d'un ton qu'il s'efforçait évidemment de moduler agréablement ;

— Ça? mon bourgeois; c'est les saltimbanques qui viennent se faire inscrire pour avoir des places où établir leurs baraques le jour de la fête.

A ce mot de saltimbanques, j'avais redressé la tête comme un gourmet à qui l'on parle d'un plat friand.

Le saltimbanque n'est-il pas, en effet, le seul et unique survivant de ces races de bohémiens si énergiquement caractérisées, si poétiquement excentriques ?

Et me rapprochant de mon individu :

— Seriez-vous de la partie, monsieur? lui demandai-je avec intérêt.

— Si j'en suis? mon bourgeois! ah! oui, qu'on peut le dire... Tel que vous me voyez, je connais à fond tout mon répertoire, et je vous raconterais depuis A jusqu'à B l'histoire de tous les collègues qui sont ici.

— En vérité !

— Parbleu ! et sans me gêner... Vous voyez ce maigre-là? c'est l'homme-squelette. On éteint une bougie en la soufflant à travers son corps.

— Ah! bah!...

— Un état que j'aurais pas aimé... Non, on ne demande pas mieux que de travailler ; mais au moins qu'on puisse, en dehors des heures de représentation, aller un brin dans le monde... Et je vous en fais juge, si c'est un agrément de se présenter dans une société avec une physionomie pareille!...

— Quelle branche cultivez-vous donc, mon ami ?

— Sauf votre respect, monsieur, on les a un peu cultivées toutes. J'ai d'abord été phénomène.

— Vous ?

— Tiens !... comme si vous ne pourriez pas l'être aussi demain si vous vouliez.

— Merci, je craindrais de manquer de vocation.

— La vocation ! belle misère !... On se la fabrique... Est-ce que vous croyez que j'étais né pour faire l'homme caoutchouc dans une boîte de vingt-cinq centimètres de long ?

— L'appartement était encore plus étroit que ceux que nous bâtissent les architectes modernes...

— Aussi, j'ai donné ma démission, et je me suis établi sauvage.

— Comment, sauvage ?

— Dame ! je ne connais pas d'autre nom à cette carrière-là. Vous êtes drôle tout de même. Vous vous étonnez d'un rien...

— Mais pas du tout, mon brave... pas du tout... Et alors quand vous étiez sauvage ?

— La partie a ses agréments ; mais ce qui me chiffonnait, c'était le tatouage... Être obligé de se peindre des oiseaux sur les joues... Moi, d'abord, je n'ai jamais eu de goût pour le dessin... Sans compter la nourriture qui n'est pas des plus hygiéniques.

— Que mangiez-vous donc ?

— Tout indistinctement : les salades aux épingles, l'huile bouillante, le plomb fondu, la volaille non plumée... Ce n'est pas pour me vanter, mais pour la consommation, il n'a jamais paru un sauvage plus nature que votre serviteur.

— Pourquoi donc avez-vous renoncé à cette branche de votre art?

— Une gastralgie... Mon médecin m'a défendu les crudités. Alors je me suis insinué dans le somnambulisme, où je m'ai fixé pour le quart d'heure.

— Ah! vous donnez des consultations?

— Extra-lucides, mon bourgeois. Peines de cœur, peines d'argent, si vous aurez un bon numéro, si les domestiques vous boivent votre vin...

— Et êtes-vous satisfait des affaires?

— Comme ci, comme ça... Le client, monsieur, devient d'un dur... On a beau lui prédire toujours du bonheur, impossible de le décider à demander la consultation extraordinaire, celle du fluide à un franc cinquante... Enfin que voulez-vous on boulotte... Mais ça serait une autre position, si... Tenez, vous voyez bien cette belle personne là-bas ?...

Il me désignait, avec un soupir contenu, la dame à l'embonpoint hippopotamesque que j'avais remarquée tout à l'heure.

— Eh bien ! monsieur, nous devions nous marier en réunissant nos deux établissements... Tout était convenu... Au dernier moment, elle a changé d'avis. Une colosse qui n'a pas sa pareille, monsieur !... et que j'aimais... Mais n'importe, elle s'en est mordu plus d'une fois les pouces... à preuve qu'elle en a joliment maigri !...

Maigri !... Elle qui pesait encore au moins deux cents kilos !...

Sur ce mot grandiose, j'ai pris congé de mon homme, en lui promettant de recourir, quand il serait installé, à son fluide d'un franc cinquante.

Et je me suis éloigné, en pensant aux bizarres vicissitudes de ces existences aventureuses, qui trouvent moyen d'avoir, sous l'oripeau, leurs joies, leurs douleurs, leurs raffinements artistiques, — voire leurs romans sentimentaux.

Croyez-moi ; allez rendre visite aux petits-fils de Bilboquet.

Ils pourraient bien mourir sans postérité.

Les saltimbanques s'en vont !

Un mot naïvement drôle échappé, l'autre jour, à un témoin devant la cour d'assises, dans une affaire de vol compliqué de recel.

Ledit témoin, brave homme, à la mine candide, s'était avancé à la barre et allait commencer sa déposition quand le président l'interrompit pour lui poser cette question préalable justifiée par une analogie de nom :

— Vous n'êtes pas parent de l'accusé ?

— Dame, monsieur le président, je n'en sais rien, je suis enfant trouvé !

Hilarité prolongée, disent les comptes-rendus en pareil cas.

*
* *

Il est un moment dans l'année où chacun, prenant un guide ou une carte géographique, se met à suivre du doigt l'itinéraire qu'il se propose de parcourir. Ne faut-il pas, bon gré, mal gré, *aller aux eaux* ?

Sur quoi les réclames multiformes de tous les établissements qui prétendent redonner au corps une seconde ou une troisième jeunesse, entament périodiquement leur campagne, écartelant le lecteur et promettant des joies toutes plus ineffables les unes que les autres.

C'est un véritable défilé qui rappelle les émumérations à la Molière, et fait passer devant les yeux les qualifications médicales les plus étranges. On y tombe de la bradypepsie dans l'apepsie, tout cela pour le bon motif et pour garantir aux gens une guérison infaillible.

— Goutteux, s'écrie l'affiche de celui-ci, n'écoutez pas les sornettes de mes rivaux, moi seul je suis célèbre par des milliers de cures.

— Phthisiques, fait une autre, confiez-vous à moi. En deux mois, je vous aurai refait des poumons qui vous mettront en état de donner dix *ut* dièzes à la minute.

— Hydropiques, glapit une troisième, dans mes bras ! je vous renverrai chez vous svcltes comme un peuplier, souples comme un roseau.

Et ainsi de suite. Tout y passe :

Le cœur,

Le foie,

La rate,

Le cerveau,

Les bronches......

C'est au point qu'on se demande ensuite comment il peut rester pour l'hiver suivant un seul malade à ces pauvres médecins, à moins que toutes ces tambourinades n'abusent de la candeur des naïfs et ne spéculent sur la crédulité de la souffrance.

Il y aurait une curieuse physiologie à écrire sur les gens qui vont aux eaux. Avant l'invention des chemins de fer, c'était une infime minorité. Aujourd'hui, c'est devenu une légion toujours croissante. Le général en chef de cette armée-là s'appelle la vanité ; l'hygiène y est tout au plus sous-lieutenant. On va aux eaux pour y être allé ; on y va pour pouvoir, deux mois d'avance et trois mois après, émailler sa conversation d'allusions à effet ; on y va pour jeter de la poudre aux yeux, on y va parce que la mode l'exige.

Un naïf bourgeois, qui tous les ans s'envolait vers je ne sais quelle source thermale, et à qui l'on demandait si c'était pour motif de santé, répondait bonassement :

— Ma foi non ; mais si je restais à Paris, j'aurais peur de ne pas pouvoir marier ma fille.

Il avait raison, le bourgeois, dans son aveu dépouillé d'artifice. Nous sommes à ce point moutons de Panurge, que nous nous ôtons notre libre arbitre pour sacrifier aux apparences et aux routines. Cela est tellement vrai, et les eaux sont si bien un prétexte, que, si vous découvriez à Belleville une source douée des propriétés les plus merveilleuses et guérissant réellement tous les maux, l'entrepreneur ferait faillite au bout d'un an.

En somme, la chose se comprend. Ce qu'on va chercher, c'est le *dépaysement*, c'est l'oubli des habitudes quotidiennes, c'est le tohu-bohu des rencontres fortuites, c'est la table d'hôte avec ses voisinages imprévus et égalitaires.

Partez donc pour les eaux, mes contemporains ! allez oublier, en y pensant toujours, ce Paris dont vous ne pouvez vous passer.

Ce matin même, en passant au coin de je ne sais plus quelle rue, j'ai aperçu une énorme affiche, annonçant les débuts d'un fameux danseur de corde.

Ah! comme nous irions loin, rien qu'avec cette corde, si je voulais la suivre dans toutes ses applications, variations et définitions.

Depuis le cheval de course qui tient la corde, jusqu'à l'habit râpé qui la montre, depuis les cordages du vaisseau qui part fièrement pour les lointaines régions jusqu'à la corde de pendu à laquelle, aujourd'hui encore, des gens crédules attachent une idée de talisman.

Je pourrais encore vous tracer un historique de la danse de corde chez les anciens et chez les modernes, remonter aux Grecs, réveiller les Romains dans leur tombe, vous parler des origines du théâtre des Funambules, de Madame Saqui, de Bobino, le fondateur et parrain de l'ex-théâtre du Luxembourg.

Un singulier homme que ce Bobino ! Moitié saltimbanque et moitié artiste, il jouait à l'intérieur le vaudeville et au dehors faisait la parade avec grosse caisse.

A cette époque, la liberté des théâtres, que nous inaugurons, n'était point inventée.

Aussi, pour que la baraque de Bobino ne devînt pas une vraie salle de théâtre, une clause de son règlement ordonnait au pauvre directeur de toujours laisser la corde des acrobates tendue sur sa modeste scène.

On ne l'enlevait que lorsque, dans une des pièces jouées, figurait un rôle de prince, — la dignité princière ne devant jamais passer sous la corde.

— Que fit alors mon malin Bobino ?

Il intercala — à tort ou à raison — un prince dans tous les premiers actes de ses représentations.

De cette façon, la maudite corde qui nuisait

à la majesté de son théâtre était enlevée chaque soir avant que la toile se levât. Inutile d'ajouter qu'on oubliait toujours de la réintégrer.

Ce qui fit qu'elle finit par disparaître tout à fait.

Mais ce ne sont pas ces souvenirs qui m'ont frappé en regardant ce matin les affiches préconisant les mérites de l'illustre Blondin, — l'homme qui fait une omelette à deux cents pieds du sol sur un fil aérien.

Une autre pensée m'est venue à cet aspect.

A savoir, que — sans nous en douter — nous sommes à peu près tous des Blondins ici-bas.

Voilà la vie. C'est la corde raide.

Le chemin n'est pas commode. Gare les soubresauts !

Si vous vous écartez de la ligne droite, vous êtes perdus.

En main vous avez le balancier. Pour quelques-uns il s'appelle *génie*.

Pour le plus grand nombre il doit s'appeler *bon sens*.

Que vous marchiez sur la corde littéraire, artistique, financière ou politique, ne lâchez jamais le balancier, — ou c'en est fait.

Mais, à force d'efforts, vous êtes parvenu au milieu de la corde, — je veux dire au milieu de votre carrière.

C'est là qu'il faut s'asseoir et, comme Blondin, faire chacun son omelette.

Ne vous pressez pas trop, elle serait brûlée ; ne tardez pas trop, elle ne vaudrait plus rien.

Faire son omelette à point, — c'est le grand problème de l'existence.

Si vous réussissez, on applaudit. Si vous manquez, on rit.

Si votre omelette tombe, il y a toujours en bas des gens pour la ramasser et la manger à votre barbe.

Chers lecteurs, — que Dieu garde de cette mésaventure ! — vous le voyez, on peut rencontrer la philosophie partout, même dans une affiche de spectacle.

⁂

— Cocher ! cocher !

— Plaît-il ?

— Vous êtes libre ?

— Oui, monsieur, montez.....

Ayant échangé ce dialogue avec l'automédon d'un cocher de remise qui stationnait devant la porte d'une maison où il venait évidemment de déposer quelqu'un, je montai dans le véhicule qui m'était concédé si gracieusement, et nous nous mîmes en route. C'était le soir ; aussi tout d'abord ne distinguai-je rien autour de moi ; mais comme je m'allongeais de mon mieux sur les coussins du *char numéroté* (style Casimir Delavigne), mon avant-bras rencontra un corps opaque affectant la forme d'un rouleau ; j'avançai la main. C'était bien un rouleau en effet.

Tout d'abord, je dois me rendre cet honneur, ma pensée fut de remettre l'objet entre les mains du cocher pour que celui-ci pût s'en faire un titre de gloire en allant le déposer chez un commissaire de police. Mais la curiosité ne m'interdisait pas au préalable de chercher à savoir quel pouvait être le contenu du paquet mystérieux.

Guettant donc le moment où nous passerions sous un bec de gaz, je me penchai de mon mieux pour attraper au vol un rayon de lumière. Il avait une suscription. Du premier coup la voiture marchant assez vite, je ne pus lire que ce monosyllabe MES...

Mes quoi ? Au second bec de gaz je manquai mon coup ; mais au troisième un embarras de rue nous ayant arrêtés un instant, je fus plus heureux et je pus lire d'un bout à l'autre la suscription qui est ainsi conçue :

MES PRISONS

PAR UN SILVIO PELLICO DE LA RUE BLEUE.

A ne rien vous celer je sentis immédiatement

un désir immodéré de déchirer l'enveloppe. Je me retins toutefois, mais de ce moment le cocher était hors de cause et j'étais résolu à commettre un péché capital. Si bien qu'étant rentré chez moi, et après avoir gravi mon escalier à grande vitesse, j'arrachai les deux cachets de cire rouge qui fermaient le paquet et je me trouvai en présence d'un document étrange. Était-ce une fantaisie ou vraiment une autobiographie en résumé? C'est ce que j'ignore encore, mais ma foi, j'ai pensé que le plus court moyen de le savoir était tout simplement de donner au morceau la publicité.

J'ose espérer que ces lignes tomberont sous les yeux du monsieur qui a perdu le manuscrit, et qu'en venant me le réclamer il voudra bien m'éclairer sur le point resté obscur dans mon esprit.

Sur quoi, je commence, et c'est l'anonyme qui prend la parole :

Depuis longtemps couvait sourdement en moi le besoin de protester contre une réputation qui nous a soutiré trop de témoignages de sympathie, et à laquelle on a, ce me semble, fait l'honneur d'une compassion excessive.

Dès ma plus tendre jeunesse on m'a corné aux oreilles le nom de Silvio Pellico; en me le donnant comme le prototype des martyrs de l'incarcération. Je me révolte à la fin. A mesure que j'ai avancé dans la vie, j'ai pu me convaincre par moi-même que la plupart des hommes, j'entends de ceux qui passent pour vivre à l'état libre, sont soumis à des épreuves bien autrement dures que celles du trop célèbre Italien. Personnellement surtout, j'en ai fait à mes dépens la triste expérience, et, à la veille probablement de régler mes comptes avec la vie, car j'ai passé la soixantaine, je me décide à écrire, moi aussi, *mes prisons*, pour humilier un peu ce Silvio Pellico sempiternel, et le forcer à s'incliner devant un plus malheureux que lui.

Je commence par dire, je fus et suis encore un prisonnier d'espèce particulière, n'ayant jamais franchi le seuil d'une maison de détention quelle qu'elle fût. Mais c'est précisément pour cela que j'ai été un prisonnier d'autant plus à plaindre.

Et je vais le démontrer.

Né de parents qui jouissaient d'une honorable aisance, je glisse sur les premières années de ma carrière, années que je passai sous la domination immédiate de deux bonnes qui prétendaient me servir, et dont, en réalité, je n'étais que le captif permanent.

Comme neuf ans sonnaient à l'horloge de mon enfance, mon père me prit un beau matin par la main, me fit entrer, après une course assez longue, dans un affreux bâtiment noir orné de barreaux et de grilles auquel rien ne manquait pour faire une geôle capable de rendre des points à tous les plombs de Venise. La geôle, en langage ordinaire, s'appelait un collége.

Il faudrait un volume tout entier rien que pour énumérer les douleurs que j'eus à endurer pendant les neuf années que je passai dans le grand bâtiment à grilles et à barreaux.

C'est-à-dire qu'à dix-neuf ans, lorsque j'en sortis, j'avais déjà dix fois plus souffert que l'élégiaque détenu qui a tiré ses malheurs à plusieurs centaines de mille exemplaires.

Le collége ! quand je pense qu'il s'est trouvé des ironiques assez féroces pour l'appeler la plus belle époque de la vie ! Le collége ! c'est-à-dire compression à l'âge où tout devrait être expansion ; c'est-à-dire l'air lui-même mesuré aux jeunes poumons qui auraient besoin de s'ouvrir, l'étude enfumée et la cour humide, là où le corps, semblable à la plante qui croît, aurait besoin du plein soleil. Le collége ! ah ! monsieur Silvio Pellico, avant ma majorité j'étais déjà de force à vous rendre à ce jeu-là une bonne douzaine de geôliers.

———

Comme ce n'étaient pas les travaux forcés à perpétuité, le jour arriva où ma peine expirait. En même temps, mon père était allé rejoindre dans la tombe ma mère, qui l'avait précédé de deux ans ; je me trouvai tout à coup et doublement en possession de moi-même.

La liberté !... Oui, vous vous imaginez cela, je le crus aussi. Naïf !

Assoiffé d'indépendance en vertu de la loi des réactions, et me sentant à la tête d'une fortune assez rondelette, il semblait que je dusse être un libéré de l'existence. Je ne fis que changer de prison. Engandiné des pieds à la tête, cœur, corps et cerveau, je me lançai dans la vie inepte du petit crevé.

Trois geôles pour une, cette fois.

1° Le boudoir d'une sotte petite personne qui me ruinait en se moquant de moi, et qui cherchait sans cesse à me mettre à la porte, ce qui fait que je voulais toujours rentrer par la fenêtre.

2° Mon écurie, où je passais un bon tiers de mes jours en tête à tête avec mon palfrenier et mes jockeys.

3° Mon cercle, où je gaspillais la moitié de mes nuits, en traînant au pied le boulet du jeu. Jadis je n'étais qu'un détenu, j'étais devenu un forçat.

Qu'en pensez-vous cette fois encore, monsieur Silvio Pellico?

———

Un moment vint où la nécessité me démontra qu'il était urgent de me transférer. En d'autres termes, si je ne voulais pas finir sous les coups des usuriers, il fallait, avec ce qui me restait d'écus, trouver un mariage immédiat.

Troisième série de mes prisons, monsieur Silvio Pellico : la série mondaine.

Et d'abord ma femme, que le hasard m'avait choisie fort laide, était jalouse ; d'autre part, coquette et évaporée. Il ne fallait pas que je sortisse sans elle, mais il fallait que je sortisse toutes les fois qu'elle le voulait. Oh ! le bagne des soirées ! Être là tous les jours sur un coin de banquette, jusqu'à cinq heures du matin, à regarder pirouetter madame ; rentrer brisé, moulu, pour recommencer le lendemain à l'heure où l'on aurait donné deux ans de sa vie pour un lait de poule et un bonnet de nuit.

Oh ! le bagne des soirées.

Sans préjudice du bagne des concerts ! Ma femme prétendait adorer la musique, la musique de chambre ! Et le Wagner aussi !!! Pendant tout le carême, ce n'était qu'une seule et même séquestration dans la salle Herz, ce Mazas des doubles croches.

Ce n'était plus seulement la prison, monsieur Silvio Pellico, c'était la torture.

———

Je devins veuf.

J'entends le mot *élargissement* venir sur vos lèvres. Attendez, car vous vous trompez.

De l'inventaire dressé à la mort de ma femme il résulta que nous avions, de compagnie, achevé de croquer mon patrimoine, plus le sien. Il fallait vivre pourtant. Un monsieur qui avait consommé chez moi plusieurs centaines de sorbets me proposa d'entrer dans le journalisme.

Critique de théâtre, cela sonnait suavement et superbement. Et tous les soirs, pendant trois mois, en pleine canicule, je m'en allai m'enfermer dans les salles chauffées à blanc, en compagnie des ours que l'été démusclait souvent;

pour me donner l'air d'un détenu, le garde municipal, qui était seul avec moi à l'orchestre, venait s'asseoir dans la stalle voisine. Il avait l'air de me mener au supplice...

L'été passé, le monsieur qui me protégeait fit comprendre qu'il reprenait les théâtres pour lui-même et je me trouvai sur le pavé.

Affranchi enfin !... Et les besoins quotidiens, s'il vous plaît. Je tâtai de la Bourse, une prison à colonnes d'où je ne sortais jamais sans peur d'être exécuté, peur tellement violente que je n'y tins plus et me décidai à entrer dans un bureau à raison de dix-huit cents francs par an.

———

J'y ai passé vingt ans, monsieur Silvio Pellico. Qu'il plût ou que le ciel fût bleu, et le printemps souriant, et l'automne mélancolique, j'ai passé *soixante mille heures* de mon existence dans une salle de quatre mètres carrés, entre un poêle qui fumait et un collègue abruti qui faisait des calembours. Et vous, monsieur, vous vous plaignez de votre solitude ! Tenez, vous me faites pitié et vous n'êtes qu'un faux bonhomme de captif.

Après ces vingt ans, j'ai obtenu ma retraite. J'ai pris une sorte de gouvernante-servante qui immédiatement m'a écroué sous sa domination. Le temps qu'elle ne passe pas à me tourmenter, je le donne au café voisin où je suis garrotté par la triple chaîne du tabac, du besigue et du domino.

Ainsi déclinant, ramolli, déformé par mes emprisonnements successifs, je m'achemine vers ma dernière heure. Si la paralysie s'en mêle, on m'enverra à Sainte-Périne, une prison de bienfaisance où je deviendrai un numéro.

Voilà toute mon existence, monsieur Silvio Pellico. Avouez que maintenant vous avez honte de vos jérémiades et de vos lamentations ; avouez que les véritables prisonniers sont ceux qu'on coudoie dans les rues du Paris moderne. Encore n'ai-je point parlé du temps que j'ai passé dans les omnibus, ces prisons cellulaires.

Sur ce, monsieur Silvio Pellico, je ne vous salue pas...

Je m'aperçois que, réflexion faite, il aurait peut-être été plus délicat de ne pas publier ce morceau sans l'autorisation de l'auteur. Ma foi ! tant pis, il est trop tard.

FIN

www.ingramcontent.com/pod-product-compliance
Lightning Source LLC
Chambersburg PA
CBHW050634170426
43200CB00008B/1008